龜山先生語録

〔宋〕楊時 撰

齊魯書社
·濟南·

圖書在版編目（CIP）數據

龜山先生語録 / (宋) 楊時撰. -- 濟南 : 齊魯書社, 2024. 9. -- (《儒典》精粹). -- ISBN 978-7-5333-4937-0

Ⅰ. B244.991-53

中國國家版本館CIP數據核字第2024PA6647號

責任編輯　劉　强　馬素雅
裝幀設計　亓旭欣

龜山先生語録
GUISHAN XIANSHENG YULU
〔宋〕楊時　撰

主管單位　山東出版傳媒股份有限公司
出版發行　齊魯書社
社　　址　濟南市市中區舜耕路517號
郵　　編　250003
網　　址　www.qlss.com.cn
電子郵箱　qilupress@126.com
營銷中心　（0531）82098521　82098519　82098517
印　　刷　山東臨沂新華印刷物流集團有限責任公司
開　　本　880mm × 1230mm　1/32
印　　張　8
插　　頁　2
版　　次　2024年9月第1版
印　　次　2024年9月第1次印刷
標準書號　ISBN 978-7-5333-4937-0
定　　價　68.00圓

《〈儒典〉精粹》出版説明

《儒典》是對儒家經典的一次精選和萃編，集合了儒學著作的優良版本，展示了儒學發展的歷史脉絡。其中，《義理典》《志傳典》共收録六十九種元典，由齊魯書社出版。鑒於《儒典》采用套書和綫裝的形式，部頭大，價格高，不便於購買和日常使用，我們决定以《〈儒典〉精粹》爲叢書名，推出系列精裝單行本。

叢書約請古典文獻學領域的專家學者精選書目，并爲每種書撰寫解題，介紹作者生平、内容、版本流傳等情况，文簡義豐。叢書共三十三種，主要包括儒學研究的代表性專著和儒學人物的師承傳記兩大類。版本珍稀，不乏宋元善本。對於版心偏大者，適度縮小。爲便於檢索，另編排目録。不足之處，敬請讀者朋友批評指正。

齊魯書社

二〇二四年八月

《〈儒典〉精粹》書目（三十三種三十四册）

解題

龜山先生語録四卷後録二卷，無纂輯人姓氏，宋吴堅福建漕治刻本

是書乃宋人所録楊時語。時字中立，號龜山，南劍將樂（今福建將樂）人。熙寧九年（一〇七六）中進士第，師事二程。著有《三經義辨》等。紹興五年（一一三五）卒，享年八十有三，謚文靖。事迹具《楊龜山先生行狀》、《宋史》本傳。

趙希弁《讀書附志》著録《龜山先生語録》四卷，無撰人姓氏。陳振孫《直齋書録解題》則著録《龜山語録》五卷，云：『延平陳淵幾叟、羅從彦仲素、建安胡大原伯逢所録楊時中立語及其子迴稾。録共四卷，末卷爲《附録》《墓誌》《遺事》，順昌廖德明子晦所集也。』今本《語録》，分荆州所聞（甲申四月至乙酉十一月）、京師所聞（丙戌四月至六月）、餘杭所聞（丁亥三月自侍下來）、南都所聞（己丑四月自京都回至七月）、毗陵所聞（辛卯七月十一日自沙縣來至十月去）、蕭山所聞（壬辰五月又自沙縣來至八月去），凡四卷。據今

人林海權考證，《荆州所聞》爲陳淵所録，《京師所聞》及《餘杭所聞》卷二部分爲李郁所録，其餘部分皆爲羅從彦所録。陳淵，字幾叟，又字知默，沙縣人，陳瓘之侄。李郁，字光祖，邵武人，元祐黨人深之子，與陳淵同爲龜山之婿。羅從彦，字仲素，南劍人，學者稱豫章先生，紹興五年卒，年六十四。三人皆受業於楊時。《後録》二卷，所載皆他人論贊語，而無陳氏《解題》所謂《墓誌》《遺事》，蓋版本不同歟。

傳世《龜山先生文集》有弘治十六卷本、正德三十五卷本，皆無《語録》。通行者爲萬曆十九年（一五九一）四十二卷本，其中卷十至十三爲《語録》，然無《後録》。按此本與萬曆本文字相合，然分卷不同，萬曆本卷二自『京師所聞』起，而此本卷二『京師所聞』前尚有『荊州所聞』數條。卷三、卷四則分卷相同。是書卷末有『後學天台吴堅刊于福建漕治』二行，與《張子語録》同，蓋刊於同時。張元濟《龜山先生語録跋》列此本優於萬曆本者數條，并云『雖是本亦間有舛誤，然其佳勝處，固非時本所可幾及者矣』，洵爲確論。

隗茂杰

目録

龜山先生語録卷第一

荊州所聞　甲申四月至乙酉□十

先生曰自堯舜以前載籍未具世所有者獨伏犧所畫八卦耳當是之時聖賢如彼其多也自孔子删定繫作之後更秦歷漢以迄于今其書至不可勝紀人之所資以爲學者宜易於古然其間千數百年求一人如古之聖賢卒不易得何哉豈道之所傳固不在於文字之多寡乎夫堯舜禹臯陶皆稱若稽古非無待於學也其□□果何以乎由是觀之聖賢之

所以爲聖賢其用心必有在矣學者不可不察之也

觀孔門弟子之徒其事師雖至於流離困餓濱於死而不去非要譽而規利也所以甘心焉者其所求也大矣流離困餓且濱於死有不足道者學者知此然後知學之不可已矣

古之學者以聖人爲師其學有不至故其德有差焉人見聖人之難爲也故凡學者以聖人爲可至則必以爲狂而竊笑之夫聖人固未易至若舍聖人而學是將何所取則乎以聖

人爲師猶學射而立的然的立於彼然後射者可視之而求中若其中不中則在人而已不立之的以何爲準

問曾西不爲管仲而於子路則曰吾先子之所畏或曰羞管仲之所已爲慕子路之所未就此說是否曰孔子曰由也千乘之國可使治其賦也使其見於施爲如是而已其於九合諸侯一正天下固有所不逮也然則如之何曰管仲之功子路未必能之然子路譬之御者則範我馳驅者也若管仲蓋詭遇耳曾西

仲尼之徒也蓋不道管仲之事六經不言無心惟佛氏言之亦不言修性惟揚雄言之心不可無性不假修故易止言洗心盡性記言正心尊德性孟子言存心養性佛氏和順於道德之意蓋有之理於義則未也聖人以爲尋常事者莊周則夸言之莊周之博乃禪家呵佛罵祖之類是也如逍遥游養生主曲譬廣喻張大其說論其要則逍遥游一篇乃子思所謂無入而不自得而養生主一篇乃孟子所謂行其所無事而已

問孔子曰中庸之爲德其至矣乎何也曰至所謂極也極猶屋之極所處則至矣下是爲不及上焉則爲過或者曰高明所以處已中庸所以處人如此則是聖賢所以自待者常過而以其所賤者事君親也而可乎然則如之何曰高明即中庸也高明者中庸之體中庸者高明之用耳高明亦猶所謂至也

問或曰中所以立常權所以盡變不知權則不足以應物知權則中有時乎不必用矣是否曰知中則（一作即）知權不知權是不知中也曰既

謂之中斯有定所必有權焉是中與權固異
矣曰猶坐於此室室自有中移而坐於堂則
向之所謂中者今不中矣堂固自有中合堂
室而觀之蓋又有堂室之中焉若居今之所
守向之中是不知權豈非不知中乎又如以
一尺之物約五寸而執之中也一尺而厚薄
小大之體殊則所執者輕重不等矣猶執五
寸以爲中是無權也蓋五寸之執長短多寡
之中而非厚薄小大之中也欲求厚薄小大
之中則釋五寸之約唯輕重之知而其中得

矣故權以中行中因權立中庸之書不言權
其曰君子而時中蓋所謂權也一連下段
舜跖之分利與善之間也利善之間相去甚微
學者不可不知
爲文要有温柔敦厚之氣對人主語言及章疏
文字温柔敦厚尤不可無如子瞻詩多於譏
玩殊無惻怛愛君之意荆公在朝論事多不
循理惟是爭氣而已何以事君君子之所養
要令暴慢邪僻之氣不設於身體
陶淵明詩所不可及者冲澹深粹出於自然若

曾用力學然後知淵明詩非着力之所能成

私意去盡然後可以應世老子曰公乃王

儒佛深處所差杪忽耳見儒者之道分明則佛在其下矣今學之徒曰儒者之道在其下是不見吾道之大也爲佛者旣不讀儒書或讀之而不深究其義爲儒者又自小也然則道何由明哉

君子無終食之間違仁說者曰飲食必有祭是也曰如是則造次顛沛之際遑遽急迫甚矣欲不離仁仁之道安在且飲食必有祭小人

亦然豈能仁乎

孔子以其子妻公冶長以其兄之子妻南容説者曰君子之處其子與處其兄之子固不同也曰兄弟之子猶子也何擇乎誠如所言是聖人猶有私意也聖人不容有私意若二女之少長美惡必求其對所妻之先後未必同時安在其厚於兄而薄於己耶記此者特言如是二人可託以女子之終身且聖人爲子擇配不求其他故可法也

或謂孔子登東山而小魯登泰山而小天下此

言勝物而小之曰使聖人以勝物爲心是將自小安能小物聖人本無勝物之心身之所處者高則物自不得不下耳

葉公以證父之攘羊爲直而孔子以爲吾黨之直者父爲子隱子爲父隱夫父子之眞情豈欲相暴其惡哉行其眞情乃所謂直反情以爲直則失其所以直矣乞醯之不得爲直亦猶是也

周禮王燕則以膳夫爲獻主說者曰君臣之義不可以燕廢曰是不然此孟子所謂養君子

之道也禮受爵於君前則降而再拜燕所以
待羣臣嘉賓也而使之有升降拜揖之勞是
以犬馬畜之矣故以膳夫爲獻主而主不自
獻酬焉是乃所以爲養君子之道而廩人繼
粟庖人繼肉之義也
周禮凡用皆會唯王及后不會說者曰不得以
有司之法制之曰有司之不能制天子也固
矣然而九式之職冢宰任之王恣其費用有
司雖不會冢宰得以九式論於王矣故王后
不會非蕩然無以禁止之也制之有冢宰之

義而非以有司之法故也
或曰書之終秦誓以見聖人之樂人悔過也故凡過而能悔者取其悔而不追其過可也今有殺人而被刑者臨刑而曰吾惟殺人以至此也仁者於此亦必哀而捨之曰書之有秦費二誓以誌帝王之誥命於是絕故也其大意則言有國者不可廢誓於誓之中其事又有可取者則如秦之罪己而不責人是也若曰取其悔而已不咎其過其既悔而有過也亦不當罪乎聖人以恕待人於人之悔也嘉

之可也如以悔爲是而不問其改與不改則改過者鮮矣故君子之取人也取其改不取其悔且殺人至於被刑而自狀其過蓋傷其死之不善也使殺人而不必死其肯悔乎崤之戰不敗則秦自以爲功矣何以知之以濟河之師知之也濟河之師何義哉

君子務本言凡所務者惟本而已若仁之於孝悌其本之一端耳蓋爲仁必自孝悌推之然後能爲仁也其曰爲仁與體仁者異矣體仁則無本末之別矣孔子曰老者安之朋友信

之少者懷之此無待乎推之也孟子曰老吾老以及人之老幼吾幼以及人之幼此推之也推之所謂爲仁

問子貢貨殖誠如史遷之言否曰孔門所謂貨殖者但其中未能忘利耳豈若商賈之爲哉

曰樊遲請學稼學圃如何曰此亦非爲利也其所願學正許子並耕之意而命之爲小人者蓋稼圃乃小人之事而非君子之所當務也君子勞心小人勞力

先生嘗夜夢人問王由足用爲善何以見語之

曰齊王只是朴實故足以爲善如好貨好色好勇與夫好世俗之樂皆以直告而不隱於孟子其朴實可知若乃其心不然而謬爲大言以欺人是人終不可與入堯舜之道矣何善之能爲

狼跋之詩曰公孫碩膚赤舄几几周公之遇謗何其安閑而不迫也學詩者不在語言文字當想其氣味則詩之意得矣

孟子言說大人則藐之至於以己之長方人之短猶有此等氣象在若孔子則無此矣觀鄉

黨一篇與上大夫言誾誾如也與下大夫言侃侃如也以至見冕者與瞽者雖褻必以貌如此何暇藐人禮曰貴貴爲其近於君也敬長爲其近於親也故孔子謂君子畏大人

孔子言由求爲具臣曰弑父與君亦不從也由求如是而已乎曰弑父與君言其大者蓋小者不能不從故也若季氏旅太山伐顓臾而不能救之之事是巳然則或許其升堂且皆在政事之科何也曰小事之失亦未必皆從但自弑父與君而下或從一事則不得爲不

從若弑父與君則決不從矣進此一等便爲大臣如孔孟之事君是也故孔孟雖當亂世而遇庸暗之主一毫亦不放過

事道與祿仕不同常夷甫家貧召入朝　神宗欲優厚之令兼數局如登聞鼓染院之類庶幾俸給可贍其家夷甫一切受之不辭及正叔以白衣擢爲勸講之官朝廷亦使之兼他職則固辭蓋前日所以不仕者爲道也則今日之仕須是官足以行道乃可受不然是苟祿也然後世道學不明君子之辭受取舍人鮮

能知之故常公之不辭人不以爲非而程公之辭人亦不以爲是

王逢原才高識遠未必見道觀其所著乃高論怨誹之流假使用之亦何能爲春秋昭如日星但説者斷以己意故有異同之論若義理已明春秋不難知也春秋始於隱其説紛紛無定論孟子有言王者之迹熄而詩亡詩亡然後春秋作據平王之崩在隱公之三年也則隱公即位實在平王之時自幽王爲犬戎所滅而平王立於東遷當是時黍離降而爲

國風則王者之詩亡矣此春秋所以作也
易於咸卦初六言咸其拇六二言咸其腓九三言咸其股九五言咸其脢上六言咸其輔頰舌至於九四一爻由一身觀之則心是也獨不言心其說以謂有心以感物則其應必狹矣唯忘心而待物之感故能無所不應其繇辭曰貞吉悔亡憧憧往來朋從爾思夫思皆緣其類而已不能周也所謂朋從者以類而應故也故孔子繫辭曰天下何思何慮天下同歸而殊塗一致而百慮天下何思何慮夫

心猶鏡也居其所而物自以形來則所鑒者廣矣若執鏡隨物以度其形其照幾何或曰思造形之上極過是非思之所能及故唯天下之至神則無思也無思所以體道有思所以應世此爲不知易之義也易所謂無思者以謂無所事乎思云耳故其於天下之故感而通之而已今而曰不可以有思又曰不能無思此何理哉

或曰聖人所以大過人者蓋能以身救天下之弊耳昔伊尹之任其弊多進而寡退苟得而

害義故伯夷出而救之伯夷之清其弊多退而寡進過廉而復刻故柳下惠出而救之柳下惠之和其弊多污而寡潔惡異而尚同故孔子出而救之是故伯夷不清不足以救伊尹之任柳下惠不和不足以救伯夷之清此三人者因時之偏而救之非天下之中道也故久必弊至孔子之時三聖人之弊各極於天下故孔子集其行而大成萬世之法然後聖人之道無弊其所以無弊者豈孔子一人之力哉四人者相爲終始也使三聖人者當

孔子之時皆足以爲孔子矣曰何不思之甚也由湯至於文王之時五百有餘歲其間賢聖之君六七作其成就人才之衆至其衰世尤有存者使伊尹有弊當時更世之久上之爲君下之爲臣皆足以有爲獨無以革之乎由周至于戰國之際又五百有餘歲文武周公之化不爲不深使伯夷之弊至是猶在則周之聖人所謂一道德以同風俗者殆無補於世而獨俟一柳下惠耶況孔子去柳下惠未遠若柳下惠能矯伯夷之清使天下從之其

弊不應繼踵而作而孔子救之又何其遽也且孔子之時荷蕢荷蓧接輿沮溺之流必退者尚多也則柳下惠之所爲是果何益乎故爲聖人救弊之說者是亦不思而已矣夫伊尹固聖人之任者然以爲必於進則不可也湯三使往聘之然後幡然以就湯不然將不從其聘耶則伊尹之不必進可見伯夷固聖人之清者然以爲必於退則不可也方其辟紂居諸海濱以待天下之清聞西伯善養老者則歸之則伯夷之不必退亦可見若柳下

惠孔子蓋以謂直道而事人孟子亦稱其不以三公易其介夫亦豈以同爲和乎由是觀之其弊果何自而得之耶若曰孔子之道所以無弊者四人者相爲終始使三聖人當孔子之時亦皆足以爲孔子此尤不可孟子曰伯夷伊尹不同道又曰自生民以來未有盛於孔子而伯夷伊尹不足以班之而其所謂同者得百里之地而君之皆能以朝諸侯有天下行一不義殺一不辜而得天下皆不爲而已彼爲任爲清爲和一節之至於聖人者

也其可以爲孔子乎夫以三人爲聖者孟子發之也而孟子之言其辨如彼今釋孟子之言安得強爲之説乎雖然此孟子之言也學者於聖人又當自有所見自無所見縱得孟子之旨何與吾事

問伊尹五就湯五就桀何也曰其就湯也以三聘之勤也其就桀也湯進之也然則何爲事桀曰既就湯則當以湯之心爲心湯豈有伐桀之意哉其不得已而伐之也人歸之天命之耳方其進伊尹以事桀也蓋欲其悔過遷

善而已苟悔過遷善則吾北面而臣之固所願也若湯初求伊尹即有伐桀之意而伊尹遂相之是以取天下爲心也以取天下爲心豈聖人之心哉

問伯夷伊尹柳下惠之行固不同矣使伯夷居湯之世就湯之聘乎曰安得而不就然則湯使之就桀則就之乎曰否何以知其然曰伯夷聞文王作興則歸之宜其就湯之聘然而横政之所出横民之所止不忍居也使之事桀蓋有所不屑矣然則其果相湯也肯伐桀

乎曰至天下共叛之桀爲獨夫伯夷伐之亦何恤哉

或曰湯之伐桀也衆以爲我后不恤我衆舍我穡事而割正夏而湯告以必往是聖人之任者也文王三分天下有其二以服事商是聖之清者也曰非也湯之伐桀雖其衆有不悅之言憚勞而已若夏之人則不然曰時日曷喪予及汝皆亡故攸徂之民室家相慶簞食壺漿以迎王師湯雖不往不可得矣文王之時紂猶有天下三分之一民猶以爲君則文

王安得而不事之至於武王而受罔有悛心賢人君子不爲所殺則或爲囚奴或去國紂之在天下爲一夫矣故武王誅之亦不得已也孟子不云取之而燕民不悅則勿取古之人有行之者文王是也取之而燕民悅則取之古之人有行之者武王是也由此觀之湯非樂爲任而文王非樂爲清也會逢其適而已

孟子與人君言皆所以擴其善心而革其非不止就事論事如論齊王之愛牛而曰是心足

以王論王之好樂而使之與百姓同樂論王之好貨好色好勇而陳周之先王之事若使爲人臣者論事每如此而其君肯聽豈不能堯舜其君

又曰孟子對人君論事句句未嘗離仁此所謂王道也曰安得句句不離乎仁曰須是知一以貫之之理曰一以貫之仁足以盡之否曰孟子固曰一者何曰仁也仁之用大矣今之學者仁之體亦不曾體究得

齊王顧鴻鴈麋鹿以問孟子孟子因以爲賢者

而後樂此至其論文王夏桀之所以異則獨樂不可也世之君子其賢者乎則必語王以憂民而勿爲臺沼苑囿之觀是拂其欲也其佞者乎則必語王以自樂而廣其侈心是縱其欲也二者皆非能引君以當道唯孟子之言常於毫髮之間剖析利害之所在使人君化焉而不自知夫如是其在朝廷則可以格君心之非而其君易行也

或曰居今之世去就之際不必一一中節欲其皆中節則道不得行矣曰何其不自重也枉

己者其能直人乎古之人寧道之不行而不輕其去就如孔孟雖在戰國之時其進必以正以至終於不得行而死是矣顧今之世獨不如戰國之時乎使不恤其去就可以行道孔孟當先爲之矣孔孟豈不欲道之行哉

或曰以術行道而心正如何曰謂之君子豈有心不正者當論其所行之是否爾且以術行道未免枉己與其自枉不若不得行之愈也

宋牼以利説秦楚使之罷兵以息兩國之爭其心未爲過也然孟子力抵之蓋君子之事君

其說不可惟利之從苟惟利之從則人君所見者利而已彼有軋吾謀者其說又利於我吾說必見屈矣故不若與之談道理道理既明人自不能勝也所謂道理之談孟子之仁義是也王霸之佐其義利之間乎一毫爲利則不足爲王矣後世道學不明人以顏子伯夷只作一節之士若孟子之論則是兩人者豈清修介潔者耶如伯夷直許之以朝諸侯一天下顏子直許之以禹稷之事

方太公釣於渭不遇文王特一老漁父耳及一

朝用之乃有鷹揚之勇非文王有獨見之明誰能知之學者須體此意然後進退隱顯各得其當

或曰德而已矣奚取於聰明曰徒取其德或有有德而不聰明者如此則人得以欺罔之何以濟務故書稱堯舜禹湯文武皆言其聰明爲是故也

黄叔度學充其德雖顔子可至矣

一介之與萬鍾若論利則有多寡若論義其理一也伊尹惟能一介知所取與故能禄之以

天下弗顧繫馬千駟弗視自後世觀之則一介不以予人爲太吝一介不以取諸人爲太潔然君子之取予適於義而已予之嗇取之微雖若不足道矣然苟害於義又何多寡之間乎孔子於公西赤之富不恤其請於原憲之貧不許其辭此知所予者也孟子言非其道則一簞食不可受於人如其道則舜受堯之天下不以爲泰此知所取者也

孟子稱舜象憂亦憂象喜亦喜此語最宜味之夫舜之意唯恐不獲於象也則象喜舜自喜

夫豈有僞乎是之謂不藏怒不宿怨

問象日以殺舜爲事而舜終不爲所殺何也曰堯在上天下豈容有殺兄者乎此語自是萬章所傳之謬據書所載但云象傲而已觀萬章之言傲何足以盡之其言殺舜之時堯已妻之二女又使其子九男百官皆事舜於畎畝之中象必不敢但萬章所問其大意不在此故孟子當時亦不暇辨

孟子言舜之怨慕非深知舜之心不能及此據舜惟患不順於父母不謂其盡孝也凱風之

詩曰母氏聖善我無令人孝子之事親如此此
此孔子所以取之也孔子曰君子之道四丘
未能一焉若乃自以爲能則失之矣
顏子所學學舜而已蓋舜於人倫無所不盡也
以爲父子盡父子之道以爲君臣盡君臣之
道以爲夫盡夫道以爲兄盡兄道此孟子所
謂舜爲法於天下可傳於後世者也孟子所
憂亦憂不如舜耳人能以舜爲心其學不患
不進
問將順其美後世之說或成阿諛恐是引其君

以當道曰然此正如孟子所謂是心足以王若曰以小易大則非其情以謂見牛未見羊而欲以羊易牛乃所以爲仁引之使知王政之可爲是謂將順又曰詳味此一章可見古人事君之心

韓信用兵在楚漢之間則爲善矣方之五霸已自不及以無節制故也如信之軍脩武高祖即其臥內奪之印易置諸將信尚未知此與棘門霸上之軍何異但信用兵能以術驅人使自爲戰當時亦無有以節制之兵當之者

故信數得以取勝也王者之兵未嘗以術勝人然亦不可以計敗後世惟諸葛亮李靖爲知兵如諸葛亮巳死司馬仲達觀其行營軍壘不覺歎服而李靖惟以正出奇此爲得法制之意而不務僥倖者也古人未嘗不知兵如周官之法雖坐作進退之末莫不有節若平時不學一旦緩急何以應敵如此則學者於行師御衆戰陣營壘之事不可不講

史言成安君儒者故爲韓信所勝成安君豈眞儒者哉若眞儒必不爲韓信所詐如曰吾行

仁義云耳人得而囿之是末偶人也夫兵雖不貴詐亦人所不得而詐然後爲善觀戰國用兵中原之戰也若今之用兵禦夷狄耳力可以戰則戰勢利於守則守來則拒之去則勿追則邊鄙自然無事今乃反挑之且侵其地已非理矣其决勝必取而至於用狙詐也又何足怪若賢將必不以窮鬬遠討爲事何用狙詐蓋夷狄之戰與中原之戰異夷狄難與較曲直是非惟恃力耳但以禽獸待之可也以禽獸待之如前所爲是矣

問令之爲將帥者不必用狙詐固是奈兵官武人之有智畧者莫非狙詐之流若無狙詐如何使人曰君子無所往而不以誠但至誠惻怛則人自感動曰至誠惻怛可也然令之置帥朝除暮易若以至誠爲務須是積久上下相諳其效方見卒然施之未必有補曰誠動於此物應於彼速於影響豈必在久如郭子儀守河陽李光弼代之一號令而金鼓旗幟爲之精明此特其號令各有體耳推誠亦猶是也

正叔先生過范堯夫治所謂堯夫曰聞公有言作帥當使三軍愛之如父母是否曰然非歟曰公第能言之耳未必能行也曰何以言之曰聞舊帥方卒公始代之便設筵張樂犒軍此所以知公之必不能使三軍愛之如父母也曰當時自合打散設筵張樂却是錯曰打散亦不可彼卒伍之所利者財食也使其不得財食則知新帥之所以不給賜財食者爲舊帥之亡也夫舊帥亦父母也今其亡未久而給賜如常卒伍之愚忘其上以此耳然則

不能使之觀舊帥如父母則必不能使之以我爲父母矣堯夫是日追送正叔曰若不遠出不聞此言

祖宗能用人命故　太祖嘗曰我以一縑易一胡人首不過十萬匈奴之衆可盡唯能如此此所以能取天下令獲一刼盗亦須以數十千賞之若只使一縑欲易一胡人首人必不爲用唯不能用人命此所以必至於厚賞也觀祖宗時江南擅强河東未服两浙川廣尚守巢穴方是時所有財賦特中原之地耳其

聚斂科配蓋不若今之悉也其後祖宗削平僭亂只用所有不患乏財使如今日厚賞安能取天下

陸宣公當擾攘之際說其君未嘗用數觀其奏議可見欲論天下事當以此爲法宣公在朝自以不恤其身知無不言言無不盡至於遷貶唯杜門集古方書而已可謂知進退者

呂晦叔眞大人其言簡而意足孫莘老嘗言裕陵好問且曰好問則裕晦叔曰好問而裕不若聽德而聰人有非劉向強聒而不舍者

呂晦叔曰劉向貴戚之卿此語可謂忠厚然向之眷眷於漢室而不忍去則是也至於上變論事亦可謂不知命矣

問以匹夫一日而見天子天子問焉盡所懷而陳之則事必有窒礙者不盡則爲不忠如何曰事亦須量深淺孔子曰信而後諫未信則以爲謗己也易之恒曰浚恒凶此恒之初也故當以漸而不可以浚浚則凶矣假如問人臣之忠邪其親信者誰歟與之辨別是非則有失身之悔君子於此但不可以忠爲邪

以邪爲忠語言之閒故不無委曲也至於論理則不然如惠王問孟子何以利吾國則當言何必曰利宣王問孟子卿不同則當以正對蓋不直則道不見故也世之君子其平居談道甚明論議可聽至其出立朝廷之上則其行事多與所言相戾至有圖王而實霸行義而規利者蓋以其學得之文字之中而未嘗以心驗之故也若心之所得則曰吾所以爲已而已是故心迹常判而爲二心迹既判而爲二故事事違其所學

人臣之事君豈可佐以刑名之說如此是使人主失仁心也人主無仁心則不足以得人故人臣能使其君視民如傷則王道行矣

或曰特旨乃人君威福之權不可無也曰不然古者用刑王三宥之若案法定罪而不敢赦則在有司夫惟有司守法而不敢移故人主得以養其仁心令也法不應誅而人主必以特旨誅之是有司之法不必守而使人主失仁心矣

荆公在上前爭論或爲上所疑則曰臣之素行

似不至無廉耻如何不足信且論事當問事之是非利害如何豈可以素有廉耻刼人使信己也夫廉耻在常人足道若君子更自矜其廉耻亦淺矣蓋廉耻自君子所當爲者如人守官曰我固不受贓不受贓豈分外事乎

理財作人兩事其説非不善然世儒所謂理財者務爲聚斂而所謂作人者起其奔競好進之心而已易之言理財詩之言作人似不如此

周官平頒其興積説者曰無問其欲否槩與之

也故假此爲青苗之法當春則平頒秋成則入之又加息焉以謂不取息則舟車之費鼠雀之耗官吏之俸給無所從出故不得不然此爲之辭耳先生省耕斂而爲之補助以救民急而已方其出也未嘗望入豈復求息取其息而曰非以漁利也其可乎孟子論法以謂凶年糞其田而不足則必取盈焉使民終歲勤動不得以養其父母又稱貸而益之是爲不善今也無問其欲否而頒之亦無問年之豐凶而必取其息不然則以刑法加焉周

官之意果如是乎
朝廷設法賣酒所在吏官遂張樂集妓女以來
小民此最爲害教而必爲之辭曰與民同樂
豈不誣哉夫誘引無知之民以漁其財是在
百姓爲之理亦當禁而官吏爲之上下不以
爲怪不知爲政之過也且民之有財亦須上
之人與之愛惜不與之愛惜而巧求暗取之
雖無鞭笞以強民其所爲有甚於鞭笞矣余
在潭州瀏陽方官散青苗時凡酒肆食店與
夫俳優戲劇之罔民財者悉有以禁之散錢

已然後令如故官賣酒舊嘗至是時亦必以妓樂隨處張設頗得民利或以請不許往往民間得錢遂用之有方

常平法州縣寺舍歲用有餘則以歸官賑民之窮餓者余爲瀏陽日方爲立法使行旅之疾病飢踣於道者隨所在申縣縣令寺舍飲食之欲人之入於吾境者無不得其所也其事未及行而余以罪去官至今以爲恨

錢塘内造什物守臣不知其數恣官所爲至數年未已傷財害民莫此爲甚使其器用一

一得以奉御玆固無嫌其實公得其一私得其十其十者非以自奉則過爲奇技淫巧以自獻於上與夫宮嬪之貴幸者此弊尤不可言使予守錢塘必先奏上乞降所造之數付有司爲之以進庶幾官不得容其姦是雖於事未有大補亦守臣安百姓節國用之一端也如此而得罪則有名矣

或勸先生解經曰不敢易也曾子曰吾日三省吾身爲人謀而不忠乎與朋友交而不信乎傳不習乎夫傳而不習以處己則不信以待

人則不忠三者胥失也昔有勸正叔先生出易傳示人者正叔曰獨不望學之進乎姑遲之覺耄即傳矣蓋已耄則學不復進故也學不復進若猶不可傳是其言不足以垂後矣

六經之義驗之於心而然施之於行事而順然後爲得驗之於心而不然施之於行事而不順則非所謂經義今之治經者爲無用之文徼幸科第而已果何益哉

今所謂博學者特通歷代之故事而已必欲取堯舜三代之法兼明而默識之以斷後世所

爲之中否而去取焉蓋未能也孟子之學蓋有以爲不足學而不學者矣若諸侯之禮是也未有當學而不學者也余觀熙寧元豐之君子皆通曉世務而所取以爲證者秦漢以下之事而已故有爲秦漢以上之說者與之爭輒不勝若今之論事者多以三代爲言其實未必曉有能以三代之法一一與之剖析是非有不戰而自屈者然此須深知三代致治之意方可若周官之書先王經世之務也不可不講若有意於世須是事事明了胸中

無疑方能濟務如馬周以一介草茅言天下事若素官於朝若非嘗學來安得生知因論馬周言事每事須開人主一線路終是不如魏徵之正如諫太宗避暑事親之道甚善然又曰鑾輿之出有日不可遽止願示還期若事非是即從而止之何用如此此正孟子所謂月攘一雞者豈是以堯舜望其君乎

褚遂良修起居注唐太宗曰朕有不善亦當記之乎或爲之言曰借使遂良不記天下亦當記之曰此語亦善但人主好名則可以此動

之耳未盡也夫君子居其室出其言善則千里之外應之出其言不善則千里之外違之故言行君子之樞機不可不慎縱使史官不記而民之應違如此雖欲自掩其不善其可得乎

試教授宏辭科乃是以文字自售古人行已似不如此令之進士使豪傑者出必不肯就然以謂舍此則仕進無路故爲不得已之計或是爲貧或欲緣是少試其才既得官矣又以僥求榮達此何義哉

龜山先生語録卷第一

龜山先生語録卷第二

朝廷立法臺察不許言天下利害諫官不許論人才命爲臺諫是使之言也而又禁之何理哉如命以中書舍人或升黜不當繳還詞頭則更屬他中書舍人爲之命以給事中或有必行之事則不復過門下而所謂中書舍人給事中者亦更不整理且如此是不得其職矣不得其職則當去而今之君子安爲之其義焉在常平司有支用雖是勑取法當執奏近又免執奏之法關防甚密何可免也使吾

輩得爲常平官如此等事亦當辨明則知令之要路大抵難處也先王之時工執藝事以諫自此推之則當是時凡有職者皆得執其事以諫矣若人人有職事皆能思其利害以諫法度何憂不宁政事何憂不成且古者百工猶能信度以申其說而令之侍從監司蓋内外之達官人主所親信者反未嘗知諫此又何理也

天生聰明時乂所謂天生者因其固然而無作之謂也無所作聰明是謂憲天聰明憲天云

者任理而已矣故伊尹曰視遠惟明聽德惟聰知此然後可與論人君之聰明矣或曰爲人君須聰明有以勝人然後可以制人而止其亂曰天聰明期於勝人非也如人聽訟必欲即揣知其情狀是非亦或屢中若不任理只是億度而已非所謂聰明故孔子曰聽訟吾猶人也必也使無訟乎人君如不聽德每事即揣知情狀是非所中雖多失人君之道矣謂之不聰明可也

作詩不知風雅之意不可以作詩詩尚譎諫唯

言之者無罪聞之者足以戒乃爲有補若諫而涉於毀謗聞者怒之何補之有觀蘇東坡詩只是譏誚朝廷殊無溫柔敦厚之氣以此人故得而罪之若是伯淳詩則聞之者自然感動矣因舉伯淳和溫公諸人禊飲詩云未須愁日暮天際乍輕陰又泛舟詩云只恐風花一片飛何其溫厚也

考槃之詩言永矢弗過説者曰誓不過君之朝非也矢陳也亦曰永言其不得過耳昔者有以是問常夷甫之子立立對曰古之人蓋有

視其君如寇讎者此尤害理何則孟子所謂君之視臣如犬馬則臣視君如寇讎以爲君言之也爲君言則施報之道此固有之若君子之自處豈處其薄乎孟子曰王庶幾改之予日望之君子之心蓋如此考槃之詩雖其時君使賢者退而窮處爲可罪夫苟一日有悔過遷善之心復以用我我必復立其朝何終不過之有大抵今之說詩者多以文害辭非徒以文害辭也又有甚者分析字之偏傍以取義理如此豈復有詩孟子引天生蒸民

有物有則民之秉彝好是懿德曰故有物必有則民之秉彝也故好是懿德其釋詩也於其本文加四字而已而語自分明矣今之說詩者殊不知此

郭汾陽不問發墓之人雖古之齊物我者不能過

問謝安屐齒折事識者不信是否曰此事未必無但史於此亦失之億度安知其非偶然乎若破賊而喜在謝安固不足怪然屐齒必不爲一時遑遽而致折也

或謂人當無利心然後爲君子曰以此自爲可也以此責人恐不勝責矣人但能於得處知辨義理亦自難得故孔子以見利思義稱成人而以見得思義稱士爲此其辨也

物有圭角多刺人眼目亦易玷闕故君子處世當渾然天成則人不厭棄矣

溝洫之量不可以容江河江河之量不可以容滄海有所局故也若君子則以天地爲量何所不容有能捐一金而不顧者未必能捐十金能捐十金而不顧者未必能捐百金此由

所見之孰與不孰非能眞知其義之當與否

也若得其義矣雖一介不妄予亦不妄取

世之事鬼神所以陷於淫謟者皆其不知鬼神

之情狀祭祀之深意也學者當求知之漢儒

言祖有功宗有德不毁所以勸也曰非也子

孫之祭其親豈爲其功德而後祭之乎若以

爲有功德然後祭是子孫得揀擇其祖宗而

尊之也豈事親之道哉秦少游以韋元成爲

腐儒惡其建毁廟之議其說曰君子將營宮

室宗廟爲先廐庫爲次居室爲後夫營之先

親而後身則毀之先身而後親可知矣漢之離宮別館長楊五柞巳大修靡未聞其毀乃取韋元成毀廟之説亟行之此元帝寢疾所以夢祖譴責也其後又復豈終可改乎曰審宗廟也則不容以所未當毀者而毀之矣先王之禮天子祭天地諸侯祭社稷父爲士子爲大夫葬以士祭以大夫父爲大夫子爲士葬以大夫祭以士支子不祭有事則祭于宗子之家明非繼體也如是則祭與不祭皆不可苟矣漢之廟在郡國蓋以千數歲時皆諸

侯王主祭豈古禮哉使漢祖宗有靈當不享矣立無度之廟致不享之祭以此事神尚不欲毀邪以夢寐而復既未知鬼神之情狀引之爲證其說陋矣且誠如所論先王當行之矣先王豈不敬神哉

耳餘之交相責之深相知之淺耳故不終

知合内外之道則顏子禹稷之所同可見蓋自誠意正心推之至於可以平天下此内外之道所以合也故觀其意誠心正則知天下由是而平觀其天下平則知非意誠心正不能

也茲乃禹稷顏回之所以同也
問師也辟何以見曰語云堂堂乎張也難與並
爲仁矣蓋幾於辟然此其初也學於孔門者
皆終有進焉若子張後來論交曰我之大賢
歟於人何所不容此豈介僻之流
孟子曰人之有四端猶其有四體也夫四體與
生俱生身體不備謂之不成人闕一不可亦
無先後之次老子言失道而後德失德而後
仁失仁而後義失義而後禮禮者忠信之薄
是特見後世爲禮者之弊耳先王之禮本諸

人心所以節文仁義是也顧所用如何豈有先後雖然老子之薄而末之者其意欲民還淳反樸以救一時之弊而已夫果能使民還淳反樸不亦善乎然天下豈有此理夫禮文其質而已非能有所增益也故禮行而君臣父子之道得使一日去禮則天下亂矣若去禮是去君臣父子之道也而可乎唯不可去此四端所以猶人之有四體也

今學者將仁小却故不知求仁孔子曰若聖與仁則吾豈敢孔子尚不敢當且罕言之則

仁之道不亦大乎然則所謂合而言之道也
何也曰由仁義行則行仁義所謂合也洪範
傳曰道萬物而無所由命萬物而無所聽唯
天下至神爲能與於此此爲不知道與命也
孔子之言道曰誰能出不由户何莫由斯道
也其言命曰道之將行也歟命也道之將廢
也歟命也夫道非能使人由之命非能使人
聽之人自不能違耳聖人雖至神以謂體道
而至於命則可也若曰無所由無所聽將焉
之乎且聖人未嘗不欲道之興以無可奈何

故委之於命如使孔子必可以爲周公之事其不爲之乎可爲而不爲則是欲道之廢矣豈孔子之心哉故曰道萬物而無所由命萬物而無所聽者不知道與命之言也又洪範傳論水火金木土自然之數配諸人之一身皆有先後之序此有序乎夫五行在天地之間有則俱有故曰闕一不可令曰有水然後有火有火然後有木有木然後有金有金然後有土雖常人皆知其不然矣然則謂精神魂魄意爲有序失之矣

或問臺諫官如何作曰剥之彖曰不利有攸往小人長也順而止之觀象也君子尚消息盈虛天行也夫君子之於小人方其進也不可以驟去觀剥之象斯可見矣剥坤下而艮上坤順也艮止也此天理之不可易者也順而止之其漸而非暴之謂乎陰陽之氣消息盈虛必以其漸君子所尚蓋在於此

君子之治心養氣接物應事唯直而已直則無所事矣康子饋藥孔子既拜而受之矣乃曰丘未達不敢嘗此疑於拂人情然聖人愼疾

豈敢嘗未達之藥既不敢嘗則直言之何用委曲微生高乞鄰醯以與人是在今之君子蓋常事耳顏亦何害然孔子不以爲直以所以辭康子之言觀之信乎其不直也維摩經云直心是道場儒佛至此實無二理學者必欲進德則行己不可不直蓋孔子之門人皆於其師無隱情者知直故也如宰我短喪之問之類

范濟美問讀論語以何爲要曰要在知仁孔子說仁處最宜玩味曰孔子說處甚多尤的當

是何語曰皆的當但其門人所至有不同故其答之亦異只如言剛毅木訥近仁自此而求之仁之道亦自可知蓋嘗謂曾子在孔門當時以爲魯魯者學道尤宜難於他人然子思之中庸聖學所賴以傳者也考其淵源乃自曾子則傳孔子之道者曾子而已矣豈非魯得之乎由此觀之聰明辨智未必不害道而剛毅木訥信乎於仁爲近矣

呂吉甫解孝經義首章云是曾子力所不能問故孔子以其　而盡告之曰豈有人未之曉

而可以盡告之乎觀孔子門人問爲邦者惟顔子一人其他敢爲國者尚少今孝經所論上自天子下至庶人無不及者若其力有未至而盡告之在孔子爲失言於曾子爲無益豈聖賢教與學之道哉孔子云參也魯蓋其初時而後語之以一以貫之曾子於此默喻則其所得深矣猶以爲魯是學於孔門者獨無所進乎觀論語所載曾子將死之言孟子推明不事有若之意又詳考子思孟子傳道之所自是特以魯終其身者耶學有所患在

守陳編而不能斷以獨見之明此其於古人是非所以多失之也

京師所聞 丙戌四月至六月

李似祖曹令德問何以知仁曰孟子以惻隱之心爲仁之端平居但以此體究久久自見因問似祖令德尋常如何說隱似祖云如有隱憂勤恤民隱皆疾痛之謂也曰孺子將入於井而人見之者必有惻隱之心疾痛非在己也而爲之疾痛何也似祖曰出於自然不可已也曰安得自然如此若體究此理知其所

從來則仁之道不遠矣二人退余從容問曰
萬物與我爲一其仁之體乎曰然
問論語言仁處何語最爲親切曰皆仁之方也
若正所謂仁則未之嘗言也故曰子罕言利
與命與仁要道得親切唯孟子言仁人心也
最爲親切
豐尚書稷嘗言少時見雪竇教人惜福云人無
壽夭祿盡則死昔元厚之死而復生於陰府
見主吏謂之曰君祿未盡他時官至兩府然
須惜福乃可延年厚之一生雖一杯飯亦必

先減而後食其餘奉養皆不敢過故身爲執
政壽逾七十雪竇之言於是可驗今日貴人
相高以侈視其費用皆是無益畢竟何補公
聞之曰此猶以利言也若以義言之則簞食
萬鍾顧吾所得爲者如何耳
吴審律儀勸解易曰易難解曰及今可以致力
若後力衰却難曰某嘗觀聖人言易便覺措
辭不得只如乾坤兩卦聖人嘗釋其義於後
是則解易之法也乾之初九潛龍勿用釋云
陽在下也又曰龍德而隱者也又曰下也又

曰陽氣潛藏又曰隱而未見行而未成此一爻耳反覆推明至五變其説然後巳今之釋者其於他卦能如是推明乎若不能爾則一爻之義只可用之一事易三百八十四爻爻指一事則是其用止於三百八十四事而巳如易所該其果極於此乎若三百八十四事不足以盡之則一爻之用不止於一事亦明矣觀聖人於繫辭發明卦義尚多其説果如今之解易者乎故某嘗謂説易須髣髴聖人之意然後可以下筆此其所以未敢苟也

問邵堯夫云誰信畫前元有易自從刪後更無詩畫前有易何以見曰畫前有易其理甚微然即用孔子之已發明者言之未有畫前蓋可見也如云神農氏之耒耜蓋取諸益日中爲市蓋取諸噬嗑黄帝堯舜之舟楫蓋取諸渙服牛乘馬蓋取諸隨益噬嗑渙隨重卦也當神農黄帝堯舜之時重卦未畫此理眞聖人有以見天下之賾故通變以宜民而易之道得矣然則非畫前元有易乎

問牆有茨之詩若以爲勸戒似不必存曰著此

者欲知此惡不可爲耳所以不可爲以行無隱而不彰雖幽闇深僻之中人亦可以知其詳也人之爲惡多以人莫之知而竊爲之然終不能掩竊爲之者其初心也至於不能掩蓋已無如之何耳豈其所欲哉此君子所以戒愼乎其所不睹恐懼乎其所不聞也

自非狙詐之徒皆知義足以勝利然不爲利疚而遷者幾希如管仲亦知義故其所爲多假義而行自王者之迹熄天下以詐力相高故常溺於利而不知反由孔子而後爲天下國

家不以利言者唯孟子一人守得定
九月丁卯子同生曰子同者正名其爲桓公之子也猗嗟之詩序曰人以爲齊侯之子其詩曰展我甥兮則明莊公非齊侯之子矣以經考之莊公之生桓公之六年也至十八年始書夫人姜氏遂如齊而左傳因載申繻之諫與桓公適齊之事則前此文姜蓋未嘗如齊也未嘗如齊而人以莊公爲齊侯之子春秋安得而不辨乎此春秋所以爲別嫌明微也
閔二年書鄭棄其師觀清人之詩序可見矣文

公惡高克使之將兵禦狄久而不召遂使衆
散而歸豈非棄其師乎蓋惡其人而使之將
兵以外之兵何罪故止罪鄭
齊桓公攘戎狄而封衛未嘗請命于天子而專
封之也故春秋書城楚丘而不言其封衛蓋
無取焉然則木瓜美桓公孔子何以取之曰
木瓜之詩衛人之詩也衛爲狄所滅桓公救
而封之其恩豈可忘也欲厚報之不亦宜乎
在衛人之義不得不以爲美其取之也以衛
人之義而已若春秋褒貶示天下之公故無

取

鄭季常作太學博士言養士之道當先善其心今殊失此意未知所以善之之方曰由今之道雖賢者爲教官必不能善人心曰使荆公當此職不知如何曰荆公爲相其道蓋行乎當年今日學法荆公之法也已不能善之矣季常良久曰如是如是

與季常言學者當有所疑乃能進德然亦須着力深方有疑今之士讀書爲學蓋自以爲無可疑者故其學莫能相尚如孔子門人所疑

皆後世所謂不必疑者也子貢問政子曰足食足兵民信之矣子貢疑所可去答之以去兵於食與信猶有疑焉故能發孔子民無信不立之說若今之人問政使之足食與兵何疑之有樊遲問仁子曰愛人問智子曰知人是蓋甚明白而遲猶曰未達故孔子以舉直錯諸枉能使枉者直教之由是而行之於智之道不其庶矣乎然遲退而見子夏猶申問舉直錯諸枉之義於是又得舜舉皐陶湯舉伊尹爲證故仁智兼盡其說子夏問巧笑倩

兮美目盼兮直推至於曰禮後乎然後已如使今之學者方得其初問之荅便不復疑矣蓋嘗謂古人以爲疑者今人不知疑也學何以進季常曰其平生爲學亦常自謂無疑今觀所言方知古之學者善學

問中庸只論誠而論語曾不一及誠何也曰論語之教人凡言恭敬忠信所以求仁而進德之事莫非誠也論語示人以其入之之方中庸言其至也蓋中庸子思傳道之書不正言其至則道不明孔子所罕言孟子常言之亦

猶是矣

易曰君子敬以直内義以方外夫盡其誠心而無僞焉所謂直也若施之於事則厚薄隆殺一定而不可易爲有方矣敬與義本無二所主者敬而義則自此出焉故有内外之辨其實義亦敬也故孟子之言義曰行吾敬而已

問孔子許子路升堂其品第甚高何以見曰觀其死猶不忘結纓非其所養素定何能爾邪苟非其人則遑遽急迫之際方寸亂矣

問宰我於三年之喪猶有疑問何也曰此其所

以爲宰我也凡學於孔子者皆欲窮究到無疑處方已三年之喪在他人於此不敢發之宰我疑以朞斷故必求質於聖人雖被深責所不辭也

四科之目不盡孔門弟子之賢非可指爲定論

揚雄作太元準易此最爲誑後學後之人徒見其言艱深其數汗漫遂謂雄眞有得於易故不敢輕議其實雄未嘗知易

問必有事焉而勿正心勿忘勿助長既不可忘又不可助長當如何着力曰孟子固曰至大

至剛以直養而無害則雖未嘗忘亦不助長

溫良恭儉讓此五者非足以盡孔子然必聞其政者以此耳

毋意云者謂無私意耳若誠意則不可無也

所謂時習者如嬰兒之習書點畫固求其似也若習之而不似亦何用習學者學聖人亦當如此大槩必踐履聖人之事方名爲學習又不可不察習而不察與不習同若今之學者固未嘗習而況於察

問何謂屢空曰此顏子所以殆庶幾也學至於

聖人則一物不留於胸次乃其常也回未至此屢空而已謂之屢空則有時乎不空億則屢中非至誠前知也故不足取

問操則存如何曰古之學者視聽言動無非禮所以操心也至於無故不徹琴瑟行則聞佩玉登車則聞和鸞蓋皆欲收其放心不使惰慢邪僻之氣得而入焉故曰不有博奕者乎爲之猶賢乎已夫博奕非君子所爲而云爾者以是可以收其放心爾說經義至不可踐履處便非經義若聖人之言豈有人做不得

處學者所以不免求之釋老爲其有高明處如六經中自有妙理却不深思只於平易中認了曾不知聖人將妙理只於尋常事說了

曾子曰士不可以不弘毅人須能弘然後有容

因言陳述古先生云丈夫當容人勿爲人所容

旁招俊乂列于庶位宰相之任也今宰相欲擢任一人必令登對然後取旨用之夫人之賢不肖一見之頃安能盡知此蓋起於後世宰相不堪委任之過

荆公云利者陰也陰當隱伏義者陽也陽當宣著此說源流發於董仲舒然此正王氏心術之蔽觀其所爲雖名爲義其實爲利

春秋正是聖人處置事處他經言其理此明其用理既明則其用不難知也

聖人作處本分之外不加毫末故以孔子之聖孟子止言其不爲已甚而已

或問操心曰書云以禮制心所謂操也如顔子克己復禮最學者之要若學至聖人則不必操而常存揚雄言能常操而存者其唯聖人

乎此爲不知聖人論及莊周言天人處曰絡馬首穿牛鼻是謂人曰是亦天也若絡牛首穿馬鼻則不可謂之天論西銘曰河南先生言理一而分殊知其理一所以爲仁知其分殊所以爲義所謂分殊猶孟子言親親而仁民仁民而愛物其分不同故所施不能無差等或曰如是則體用果離而爲二矣曰用未嘗離體也且以一身觀之四體百骸皆具所謂體也至其用處則履不可加之於首冠不可納之於足則即體而言分在其中矣

吾從周非從其文也從其損益之意而已

易言利見利用而終不言所以利故孔子罕言利或謂死與鬼神子路所不得而聞蓋不曉一致之理故錯認聖人之言

宰我問三年之喪非不知其爲薄也只爲有疑故不敢隱於孔子只此無隱便是聖人作處

問伯夷聖人猶有隘何也曰此自氣禀不同耳若觀其百世之下聞其風者頑夫廉懦夫有立志此是甚力量

餘杭所聞 丁亥三月自侍下來

周公東征邦君御事皆以爲不可周公徒得十夫之助决意征之禹征有苗會羣后誓之旣已出師朝廷上下宜無不以爲當者而益以一言賛之禹遂振旅而還而苗亦隨格豈周公之德不逮禹乎蓋舜之時在廷莫非君子而天下已大治矣其敢逆命者獨有苗而已縱而不治未足爲害如必欲誅之則太平之民自受其病矣故與其勤師遠伐不若修德以待其來之爲愈也若夫三監之叛其變起王室非可以夷狄待之也况又成王幼冲涖

政之初君子之道不勝小人不誅而縱之其禍將不勝救矣當是之時雖無十夫之助周公亦不可已此所以必征之也易曰莧陸夬夬中行无咎其舜之事乎如往年靖州之師其出固有名若以舜之事言之其孰爲得自靖爲郡荆湖至今被其害

問帝乃誕敷文德則自班師之後然後敷之也敷文德之事何以見曰舞干羽是也古之時文武一道故干戈兵器也用之於戰陣則爲武用之於舞蹈則爲文曰敷文德云者已不

爲武備矣
人之生也直是以君子無所往而不用直直則
心得其正矣以乞醯證父爲直不得其正者
也古之於幼子常示毋誑所以養其直也其
養之也有素如此以怨報怨以德報怨皆非
直也所謂直者公天下之好惡而不爲私焉
耳曰如是則以德報德何以辨之曰所謂德
非姑息之謂也亦盡其道而不爲私焉耳若
姑息則不能無私矣曰人有德於我不幸而
適遇所當施之者非吾意之所欲能不少有

委曲如庾公之斯之於子濯孺子不亦可乎

曰然

問舜之時在廷之臣多矣至傳禹以天下而禹獨推臯陶何也曰舜徒得此兩人而天下已治故也禹揔百揆而臯陶施刑内外之治舉矣古者兵刑之官合為一觀舜之命臯陶蠻夷猾夏是其責也則臯陶之職所施於外者為詳故臯陶雖不可以無禹而禹亦不可以無臯陶是以當舜之欲傳位禹獨推之餘人不與焉孟子曰舜以不得禹臯陶為己憂而

子夏亦言舜有天下選於衆舉皐陶不仁者
遠矣蓋有見乎此
忠信乃爲進德之基本無忠信則如在虛空中
行德何以進
問孔子於舊館人之喪遇於一哀而出涕遂說
驂以賻之曰吾惡夫涕之無從也而顔淵死
子哭之慟顔路請子之車以爲之椁而不與
何也曰遇於一哀而出涕者不期然而然也
然哀有餘也故必有以文之此說驂之禮所
由起乎顔淵死子曰天喪予天喪予則其存

亡與之爲一矣故其哭之也不自知其慟也其於此奚以文爲文非所以施於顏淵則車之與不與也惟義所在而已

獲乎上有道不信乎朋友弗獲乎上矣信乎朋友有道不順乎親弗信乎朋友矣順乎親有道反身不誠不悅於親矣今之君子欲行道以成天下之務反不知誠其身豈知一不誠它日舟中之人盡爲敵國乎故曰不誠未有能動者也夫以事上則上疑以交朋友則朋友疑至於無往而不爲人所疑道何可行哉

蓋忘機則非其類可親機心一萌鷗鳥舞而不下矣

大學一篇聖學之門户其取道至徑故二程多令初學者讀之蓋大學自正心誠意至治國家天下只一理此中庸所謂合内外之道也若内外之道不合則所守與所行自判而爲二矣孔子曰子帥以正孰敢不正子思曰君子篤恭而天下平孟子曰其身正而天下歸之皆明此也

伊尹所以事君更無回互唯知忠而已所以能

爲放太甲之事然如此而天下不疑者誠意素著故也因問孟子云有伊尹之志則可後世之爲人臣者不幸而適遇此事而有伊尹之志不知行得否若行不得是伊尹之事不可法於後也曰若有伊尹之志其素行足信何爲不可但觀蜀先主當時以其子屬諸葛孔明曰嗣子可輔輔之如不可輔君自取之備死孔明操一國之權當時軍國大務人材進退唯孔明是聽而蜀之人亦莫之疑也蓋孔明自非篡弑之人其素行足信也若如司

馬懿其誰信之伊尹之事自後世觀之以爲異其實亦所謂中道

問成湯放桀惟有慙德何也曰橫渠嘗言湯武之功聖人之不幸也若論君臣之義則爲臣而事其君當使其君如堯舜乃是既不能使其君如堯舜至其君得罪於天下而放之豈其所欲哉成湯之事以言順乎天而應乎人何慙之有然自人情觀之既以堯舜之禪爲盡善則征誅而有天下安能無愧乎

問文姜與齊侯淫詩人以不能防閑其母刺莊

公莊公固當深罪乎曰固可罪也觀載驅之
詩言魯道有蕩則魯之君臣蕩然無以禁止
之也夫君夫人之出入其威儀物數甚矣其
曰齊子夕發又何其易乎禮婦人幼從父兄
嫁從夫夫死從子既曰從子子乃不能防閑
之恣其淫亂於誰責而可乎許穆夫人思歸
唁其兄而義不得其賦載馳之詩曰大夫君
子無我有尤是雖欲歸不可得也曰凱風何
以美孝子曰不能安其室是求嫁也嫁猶以
正非如姜氏之淫于齊也又此詩之所取特

美其貧罪引慝而已若叔于田之詩序所謂不勝其母以害其弟其刺之蓋與猗嗟之刺莊公同意

或曰吕吉甫云管仲今人未可輕議之如列子所載仲論隰朋之爲人上忘而下不叛愧不若黄帝而哀不己若者又如論語稱管仲奪伯氏駢邑三百飯疏食没齒無怨言則其所能所爲可謂高矣如仲者但不如孔子耳何可輕議曰此未見仲小器之實也若管仲只不如孔子曾西何以不爲

艮止也止其所也故繫辭曰止萬物者莫善乎艮又曰成言乎艮艮者萬物之所成終而所成始也止於此矣復出乎震不終止也故艮卦曰時止則止時行則行

觀盥而不薦有孚顒若誠意所寓故也古人脩身齊家治國平天下本於誠吾意而已詩書所言莫非明此者但人自信不及故無其效聖人知其效必本於此是以必由也或曰正心於此安得天下便平治曰正心一事自是人未嘗深知之若深知而體之自有其效觀

後世治天下皆未嘗識此然此亦惟聖人力
做得徹蓋心有所忿懥恐懼好樂憂患一毫
少差即不得其正自非聖人必須有不正處
然有意乎此者隨其淺深必有見效但不如
聖人之效著矣觀王氏之學蓋未造乎此其
治天下專講求法度如彼脩身之潔宜足以
化民矣然卒不逮王文正呂晦叔司馬君實
諸人者以其所爲無誠意故也明道常曰有
關雎麟趾之意然後可以行周官之法度蓋
深達乎此因問顏子克已欲正心耶曰然

或問經綸天下須有方法亦須才氣運轉得行曰天保以上治内采薇以下治外先王經綸之迹也其效博矣然觀其作處豈嘗費力本之誠意而已今鹿鳴四牡諸詩皆在先王所歌以燕群臣勞使臣者也若徒取而歌之其有效乎然則先王之用心蓋有在矣如書堯典序言克明俊德以至親睦九族平章百姓協和萬邦法度蓋未及也而其效已臻黎民於變時雍然後乃命羲和欽若昊天之事然則法度雖不可廢豈其所宜先

未易見而玩易之文以言易若説得深即不是
聖人作用處若説得淺常人之談耳
因言秦漢以下事曰亦須是一一識别得過欲
識别得過須用着意六經六經不可容易看
了今人多言要作事須看史史固不可不看
然六經先王之迹在焉是亦足用矣必待觀
史未有史書以前人何以爲據蓋孔子不存
史而作春秋春秋所以正史之失得也今人
自是不留意六經故就史求道理是以學愈
博而道愈遠若經術明自無工夫及之使有

工夫及之則取次提起一事便須斷遣處置
得行何患不能識別
盥而不薦初未嘗致物也威儀度數亦皆未舉
而已有孚顒若其所以交於神明者蓋有在
矣又云禮莫重於祭祭莫重於灌蓋求鬼神
於幽陰之時未致其文於此而能致誠以格
鬼神則自灌而往其威儀度數足觀矣若不
旣其實而徒以繁文從事何足觀乎故孔子
嘗曰禘自旣灌而往者吾不欲觀之矣蓋歎
時也易曰東鄰殺牛不如西鄰之禴祭又曰

二篇可用享其不貴物而貴誠如此又云古人所以交神而接人其道一主於誠初無二也故曰明則有禮樂幽則有鬼神幽明本一理故所以感之者亦以一理聖人以神道設教而天下服所謂神道誠意而已誠意天德也

又云無誠意以用禮則所爲繁文末節者僞而已故老子絕滅禮學而曰忠信之薄亂之首也

予欲觀古人之象汝明非謂明其禮意也衣服

所以章有德五服五章或非其稱不明孰甚焉

棠棣之言朋友不可相責望蓋君子恕以處朋友也若爲人朋友所以自處則不可爾周官以孝友睦婣任恤考人之行若不可責人聖人何以制法夫鄰里鄉黨力足以相助相持猶不敢不勉而况於朋友乎

問所解論語犯而不校處云視天下無一物非仁也故雖犯而不校此如四海皆兄弟之義看否曰然仁者與物無對自不見其有犯我

者更與誰校如孟子言仁者無敵亦是此理

龜山先生語録卷第二

龜山先生語錄卷第三

餘杭所聞

揚雄云多聞守之以約多見守之以卓其言終有病不如孟子言博學而詳說之將以反說約也爲無病蓋博學詳說所以趨約至於約則其道得矣謂之守以約卓於多聞多見之中將何守見此理分明然後知孟子之後其道不傳知孟子所謂天下可運於掌爲不妄

正心到寂然不動處方是極致以此感而遂通天下之故其於平天下也何有

曾子開不以顏色語言假借人其慎重爲得大
臣之體於今可以庶幾前輩風流者惟此一
人耳
齋戰在聖人何以慎曰齋所以事神戰所以用
民命固當慎也曰孔子云我戰則克祭則受
福何也曰此非聖人之言王者之兵有征無
戰必也臨事而懼好謀而成又敢自謂其能
克乎夫祭之爲道初不爲致福故祭祀不祈
君子於其親春秋祭祀以時思之其他所祭
報本反始而已何求福之有又曰武王三分

天下有其二度德量力皆足以勝受而無疑焉而曰受克予非朕文考有罪惟予小子無良是不敢必其戰之勝也而記稱孔子之言曰我戰則克必不然矣

問或謂人主之權當自主持是否曰不爲臣下奪其威柄此固是也書稱湯曰用人惟巳而孟子亦曰見賢焉然後用之則人君之權豈可爲人所分然孟子之論用人去人殺人雖不聽左右諸大夫之毀譽亦不聽國人之公因國人之公是非吾從而察之必有見焉而

後行如此則權常在我矣若初無所見姑信
己意爲之亦必終爲人所惑不能固執矣
問或謂衛於王室爲近懿公爲狄所滅齊桓公
攘戎狄而封之當是時夷狄横而中國微桓
公獨能如此故孔子曰微管仲吾其被髮左
衽矣爲其功如此也觀晉室之亂胡羯猖獗
於中原當是時只爲無一管仲故顛沛如此
然則管仲之功後世信難及也曰若以後世
論之其功不可謂不大自王道觀之則不可
以爲大也今人只爲見管仲有此故莫敢輕

議不知孔孟有爲規模自别見得孔孟作處則管仲自小曰孔孟如何曰必也以天保以上治内以采薇以下治外雖有夷狄安得遽至中原乎如小雅盡廢則政事所以自治者俱亡四夷安得而不交侵中國安得而不微方是時縱能救之於已亂雖使中國之人不至被髮左衽蓋猶賢乎周襄之列國耳何足道哉如孟子所以敢輕鄙之者蓋以非王道不行故也曰然則孔子何爲深取之曰聖人之於人雖有毫末之善必録之而況於仲乎

若使孔子得君如管仲則管仲之事蓋不暇
爲矣
問或謂今世直道難行必有術焉若事事要是
自立不任道如何行得觀周勃狄仁傑之在
漢唐必須優柔浸灌蒙恥忍垢俟時而後發
故功成事遂如必危言極論則速禍無補矣
曰學者當以聖王爲師如周勃何人而可取
法勃之不爲禄産戮也幸矣觀其提北軍而
入也號於衆曰爲劉氏者左袒此最爲無謀
設使當時呂氏之黨先有以固結衆心皆爲

之右袒何以處之非唯皆右袒只使左右袒者相半亦不能決勝矣豈不危乎曰勃須知衆皆爲劉氏故爲此說曰既知其爲劉氏則此說尤爲贅語爲勃之計但當問義之所在以義驅之可也如當時平勃兩人俛首以事呂后其在平則或有謀在勃驅之爲亂亦固從之矣此何可保觀勃初無學術亦無智略庸謬人耳方文帝諭之就國畏帝以事誅之至使人以兵甲左右爲衛若果君命見誅勃殆將以所自衛者叛乎此尤可笑也後之人

多以成敗論人物故如勃者得與忠賢之列亦可謂幸矣狄仁傑在武后時能撥亂反正謂之社稷臣可也然亦何嘗挾數任術觀史氏所載其議論未嘗不以正當時但以母子天性之說告武后其濱於死者亦屢矣卒至武后怒而言曰還汝太子夫豈嘗姑務柔從以隂幸事之成乎孟子曰君子創業垂統爲可繼也若夫成功則天也人臣之事君或遠或近或去或不去歸潔其身而已可也豈可枉已以求難必之功乎又言西漢之士多尚

權謀戰國餘俗也觀高祖時只有一張子房乃君子人其他少有可取者又言班固稱高祖謂王陵少戇可以佐陳平然安劉氏者必勃此語蓋未驗也陳平獨任事甚久王陵一言而免終不曾佐得陳平平獨任亦無變

孟子言人不足與適也政不足與閒也惟大人爲能格君心之非蓋人與政俱不足道則須使人君心術開悟然後天下事可循序整頓然格君心之非須要有大人之德大人過人處只是正己正己則上可以正君下可以正

人今之賢者多尚權智不把正己爲先縱得好時節終是做不徹或謂權智之人亦可以救時據某所見正不欲得如此人在人君左右壞人君心術

因言人君喻臺諫言事若事當言可以言否曰英宗朝傳欽之奏劄子上不從因曰臺諫有合理會事却不理會欽之曰不知方今合理會者是何事上曰何不言蔡襄欽之云若襄有罪陛下何不自朝廷竟正典刑責之安用臣等言上曰欲使臺諫言其罪以公議出之

欽之云若付之公議臣但見蔡襄辨山陵事
有功不見其罪臣身爲諫官使臣受旨言事
臣不敢
因言特旨及御筆行遣事曰　仁宗時或勸云
陛下當收攬權柄勿令人臣弄威福　仁宗
曰如何收攬權柄或曰凡事須當自中出則
福威歸陛下矣　仁宗曰此固是然措置天
下事正不欲自朕出若自朕出皆是則可如
有不是難於更改不如付之公議令宰相行
之行之而天下以爲不便則臺諫得言其失

於是改之爲易矣據　仁宗識慮如此天下安得不治人君無心如天　仁宗是也

曾子開端嚴可畏有大臣之風若其輩流雖位崇望重少不以言語禮貌牢籠人者殊爲失體

章郇公在私第子弟有夜叩門稟事者公曰若是公事明早來待漏院理會若是私事即於堂前夫人處稟覆在中書一日坐處地陷徐起使人塡之不以爲怪家人聞之甚憂及公還家亦不言至晚公與弟虞部者對飲虞部

問公今日閤中書地陷是否曰中書地何干汝事竟不言前輩大抵有此氣象卒乍搖撼不動

爲政要得厲威嚴使事事齊整甚易但失於不寬便不是古人作處孔子言居上不寬吾何以觀之哉又曰寬則得衆若使寬非常道聖人不只如此說了今人只要事事如意故覺見寬政悶人不知權柄在手不是使性氣處何嘗見百姓不畏官人但見官人多虐百姓耳然寬亦須有制始得若百事不管唯務寬

大則胥吏舞文弄法不成官府須要權常在
己操縱予奪揔不由人儘寬不妨伯淳作縣
常於坐右書視民如傷四字云某每日常有
愧於此觀其用心應是不錯決撻了人古人
於民若保赤子爲其無知也常以無知恕之
則雖有可怒之事亦無所施其怒無知則固
不察利害所在教之趣利避害全在保者今
赤子若無人保則雖有坑穽在前蹈之而不
知故凡事疑有後害而民所見未到者當與
他做主始得州縣近令勸誘富民買鹽勸誘

即須有買者但異時令百姓買鹽其初亦令
勸誘百姓名一入官以後便不可脫爲民父
母豈可暫時罔之使之終身受其害
孟子一部書只是要正人心教人存心養性收
其放心至論仁義禮智則以惻隱羞惡辭讓
是非之心爲之端論邪説之害則曰生於其
心害於其政論事君則欲格君心之非正君
而國定千變萬化只説從心上來人能正心
則事無足爲者矣大學之脩身齊家治國平
天下其本只是正心誠意而已心得其正然

後知性之善孟子遇人便道性善求放却言聖人之教人性非所先求放論列是非利害文字上儘去得但於性分之内全無見處更說不行人性上不可添一物堯舜所以爲萬世法亦只是率性而已所謂率性循天理是也外邊用計用數假饒立得功業只是人欲之私與聖賢作處天地懸隔

問如管仲之才使孔子得志行乎天下還用之否曰管仲高才自不應廢但紀綱法度不出自他儘有用處曰若不使他自爲或不肯退

聽時如何曰如此此則聖人廢之不問其才因
言王道本於誠意觀管仲亦有是處但其意
別耳如伐楚事責之以包茅不貢其言則是
若其意豈爲楚不勤王然後加兵但欲楚尊
齊耳尊齊而不尊周管仲亦莫之詰也若實
尊周專封之事仲豈宜爲之故孟子曰五霸
假之也蓋言其不以誠爲之也今蘇州朱冲
施貧度僧置安樂院給病者醫藥人賴以活
其衆其置物業則厚其直及其收息則視衆
人所取而輕之此皆是好事只爲其意正在

於規利而竊譽於人故人終不以好人許之仲尼之門無道桓文之事而孟子直截不比數之其意亦猶此也又言自孟子後人不敢小管仲只爲見他不破近世儒者如荆公雖知卑管仲其實亦識他未盡況於餘人人若知王良羞與嬖奚比而得禽獸雖若丘陵弗爲之意則管仲自然不足道又言管仲只爲行詐故與王者別若王者純用公道而已又言霸者之民驩虞如也治民使之驩樂有甚不得但如所謂皞皞如也則氣象便與霸者

之世不同蓋彼所以致人驩虞必有違道干譽之事若王者則如天亦不教人喜亦不教人怒

瑩中言乘舟事最好然元祐舟不知爲甚掄得太重及紹聖時不知却如何亦偏多載了據此兩舟所載者因何物得重今當減去何物則適平若彼人問到此須有處置始得如是本分處置得事之人必須有規矩繩墨一一調和得是不令錯了若只說得揔腦便休亦不濟事孟子言天下可運於掌如彼所言天

下誠可運於掌也
謂曾見志宇云上合下便執得繼述兩字牢更不可易因言繼述兩字自好但今用之非是當時自合說與眞箇道理且好貨好色孟子猶不鄙其說而推明之而況上有繼述之意豈容無所開道而使小人乘間謬爲邪說以進則其末流激成今日之弊不足恠矣夫繼述之說始於記所稱武王周公今且舉周公一二事明之文王耕者九一至周公則更而爲徹文王關市譏而不征至周公則征之武

王克商乃反商政政由舊逮周公七年制禮作樂昔者文武所由之政安在聖人作處唯求一箇是底道理若果是雖紂之政有所不革果非雖文武之政有所不因聖人何所容心因時乘理欲天下國家安利而已且如神考十九年間艱難勤苦制爲法度蓋欲以救時弊便百姓也便百姓則其志救時弊則其事此獨不當繼述乎今繼述足以救時弊便百姓也是亦　神考而已釋此不務乃欲一二以循熙豐之迹不然則爲不孝此何理

也且如祖宗有天下百有餘年法內安樂其法度豈皆不善　神考一起而更之　神考亦謂之不孝可乎自唐末至五代禍亂極矣太祖　太宗順人心定天下傳數世而無變此豈常人做得然而法度不免有弊者時使之然爾若謂時使之然則　神考之法豈容獨能無弊補偏救弊是乃　神考所以望乎後世也何害於繼述而顧以爲不孝乎今之所患但人自不敢以正論陳之於上恐有滯礙妨嫌若吾輩在朝廷須是如此說始得其

聽不聽則其去就之義焉議論不知道理所在徒有口辯即勝他識道理人不過如戰國説士遇孟子便無開口處

問或謂荆公晚年詩多有譏誚　神考處若下注脚儘做得謗訕宗廟他日亦拈得出曰君子作事只是循一箇道理不成荆公之徒箋注人詩文陷人以謗訕宗廟之罪吾輩也便學他昔王文正在中書寇萊公在密院中書偶倒用了印萊公須勾吏人行遣他日密院亦倒用了印中書吏人呈覆亦欲行遣文正

問吏人汝等且道密院當初行遣倒用印者是否曰不是文正曰既是不是不可學他不是更不問如今日所罪謗訕宗廟毀謗朝政者自是不是先王之時惟恐不聞其過故許人規諫至於舜求言乃立謗木是眞欲人之謗己也書曰小人怨汝詈汝則皇自敬德蓋聖人之於天下常懼夫在己者有所未至故雖小人怨詈亦使人主自反詩三百篇經聖人刪過皆可以爲後王法今其所言譏刺時君若幾半不知當時遭謗訕之罪者幾人夫

禁止謗訕自出於後世無道之君不是美事何足爲法若祖宗功德自有天下後世公議在豈容小己有所抑揚名之曰幽厲雖孝子慈孫百世不能改夫爲人子孫豈不欲聖賢其祖考但公議以惡名歸之則雖欲改之不能得也其曰名之曰幽厲當時誰實名之茲豈獨其子孫之不孝乎如此在人主前開陳乃是正理今之君子但見人言繼述亦言繼述見人罪謗訕亦欲求人謗訕之迹罪之如此只是相把持正理安在如元祐臣寮章疏

論事令乃以爲謗訕此理尤非使君子得志
須當理會令分明今反謂他門亦嘗謗訕不
唯效尤兼是使元祐賢人君子愈出脫不得
濟甚事
言季常在京時嘗問正心誠意如何便可以平
天下與之言後世自是無人正心若正得心
其效自然如此此心一念之間毫髮有差便
是不正要得常正除非聖人始得且如吾輩
還敢便道自己心得其正否此須是於喜怒
哀樂未發之際能體所謂中於喜怒哀樂之

後能得所謂和致中和則天地可位萬物可
育其於平天下何有因論孟子直以禹稷比
方顏子只顏子在陋巷時如禹稷事業便可
爲之無難若正心誠意不足以平天下則禹
稷功巍巍如此如顏子者如何做得
問伯夷柳下惠如何見得能朝諸侯一天下曰
只看顏子在陋巷便做得禹稷事業則夷惠
之能朝諸侯一天下可知聖人之得邦家綏
之斯來動之斯和自是力量不同如夷惠之
風能使頑夫廉懦夫有立志鄙夫寬薄夫敦

奮乎百世之上下聞者莫不興起則其末有爲之時人固已心悅而誠服之矣使得百里之地而君之其效宜如何

叔孫通作原廟是不使人主改過而教之恥過作非也此爲萬世之害今大廟却閉了只嚴奉景靈宮是舍先王之禮而從一謬妄之叔孫通也豈不過乎

毋意只是去私意若誠意則不可去也重見

因讀東坡和淵明形影神詩其影答形云君如煙上火火盡君乃別我如鏡中像鏡壞我不

滅曰影因形而有無是生滅相故佛嘗云一切有爲法如夢幻泡影正言其非實有也何謂不滅他日亦嘗讀九成臺銘云此說得之莊周然而以江山吞吐草木俯仰衆竅呼吸鳥獸號鳴爲天籟此乃周所謂地籟也但其文精妙讀之者或不之察耳

言荆公云天使我有是之謂命命之在我之謂性是未知性命之理其曰使我正所謂使然也然使者可以爲命乎以命在我爲性則命自一物若中庸言天命之謂性性即天命也

又豈二物哉如云在天爲命在人爲性此語似無病然亦不須如此說性命初無二理第所由之者異耳率性之謂道如易所謂聖人之作易將以順性命之理是也

謂常問志寧云至道無難惟嫌揀擇其理是否志寧曰是曰若爾公何不殺人放火志寧無語

揚雄云學所以修性夫物有變壞然後可修性無變壞豈可修乎唯不假修故中庸但言率性尊德性孟子但言養性孔子但言盡性

因論荆公法云青苗免役亦是法然非藏於民之道如青苗取息雖不多然歲散萬緡則奪民二千緡入官既入官則民間不復可得矣免役法取民間錢雇人役於官其得此錢用者蓋皆州縣市井之人不及鄉民鄉民惟知輸而已而不得用故令鄉民多乏於財也青苗二分之息可謂輕矣而不見有利於百姓何也今民間舉債其息少者亦須五七分多者或倍而亦不覺其爲害曰惟其利輕且官中易得人徒知目前之利而不顧後患是以

樂請若民間舉債則利重又百端要勒得之極難故人得已且已又青苗雖名取二分之息其實亦與民間無異蓋小民既有非不得已而請者又有非不得已用之且如請錢千或遇親舊於州縣間須有酒食之費不然亦須置小小不急之物只使二百錢已可比民間四分之息又請納時往來之用與官中門户之賂遺至少亦不下百錢况又有胥吏追呼之煩非貨不行而公家期限又與私家不同而民之畏法者至舉債以輸官往往沿此

遂破蕩產業者固多矣此所以有害而無利也或云官中息輕民得之可以自爲經營歲豈無二分之息乎蓋未之思也若用之商販則錢散而難集正公家期逼卒收不聚失所指準其患不細往年富家知此患也官中配之請不得已請而藏之比及期出私錢爲息輸之官乃無患然使民如此是無事而侵擾之也何名補助之政乎

翟霖送正叔先生西遷道宿僧舍坐處背塑像先生令轉倚勿背霖問曰豈以其徒敬之故

亦當敬耶正叔曰但具人形貌便不當慢因賞此語曰孔子云始作俑者其無後乎爲其象人而用之也蓋象人而用之其流必至於用人君子無所不用其敬見似人者不忽於人可知矣若於似人者而生慢易之心其流必至於輕忽人

孟子言仁者如射蓋生於子思射有似乎君子之說言大人者言不必信行不必果惟義所在蓋生於孔子以言必信行必果爲硜硜然小人之說

學校養士反不如居養安濟所費之多如餘杭
學今止有三十人而居養安濟乃共有百餘
人居養安濟人給米二升錢二十爲士者所
給如其數加四錢耳而士未必常在學也則
其所費固寡於彼矣若其所養實是窮民疾
病者誠善然所養止浮浪游手之徒耳夫厲
良民而養游手是何政事近詔又收養年五
十者自此往往來者益多所費當益廣夫年
五十則子自可昏女自可嫁安得爲無告之
窮民乎又其所養多聚異鄉之人不許根問

來處則雖有父子夫婦官吏何緣得知故其弊爲甚若只許土着人就本貫收養亦易爲檢察而其弊減矣

因看合浦論無爲軍役法曰天下役法多有不同處如所論與潭州處置全別潭州紹聖間所定皆出公之手又言吏有祿本要養其廉耻及不廉故可從而責之此爲待之盡然亦須養得過方得若養他不過不如勿給徒費財耳何則彼爲吏於此蓋欲以活父母妻子故爲之今也養之不過雖有刑戮在前寧免

其受賕乎如法曹之俸月十千而法司乃十二千則法吏之禄爲過於法官又常平吏人月給六千此乃可責之以不受賕其餘千錢或二三千而已給紙札尚不足安能活其家則其勢須至乞覓如必若法司常平吏人重其禄則財用之費無所從出兼是吏禄亦有不用多給者如學士茶鹽司吏人近制禄皆不減十千彼有何事繁難作何情弊而可以當此禄乎若此雖謂之妄費可也

民之於上不從其令而朝廷惟以言諭之宜其

以爲虚文而莫之聽也今天下非徒不從上令而有司亦不自守成法觀官吏所奉行惟奉行朝廷之意而已若皆守法則法亦自足以致治且如役法者長許募而不許差輙差者徒二年然法當募上户其傭二千錢遂州縣定此餘杭所定豈有上户肯利若干錢而願役於官乎上户不願則其勢須至強使爲之是名募而實差也其如法何又如日近買翎毛郡不敷諸縣令買者以於法不許抑配故也然翎毛非人所常有而郡中文移督責諸縣但使

之催人以其所收藏翎毛輸之官若縣中只依法行遣安得辦集其勢亦須至抑配是名和買而實抑配也如此者皆法之不可行者也法至於不可行則人惟意之從而已

立法要使人易避而難犯則必行而無赦此法之所以行也令法太嚴密直使人於其閒轉側不得故易犯是以犯法之人官吏多不忍行法必宛轉爲犯者之地法如何行得

人各有勝心勝心去盡而惟天理之循則機巧變詐不作若懷其勝心施之於事必以一己

之是非爲正其間不能無窒礙處又固執之不移此機巧變詐之所由生也孔子曰不知命無以爲君子知命只是事事循天理而已循天理則於事無固必無固必則計較無所用

神考問伯淳王安石如何人伯淳云安石博學多聞則有之守約則未也又嘗問是聖人否伯淳云詩稱周公公孫碩膚赤舄几几聖人蓋如是若安石剛褊自任恐聖人不然

問子思之不使白也喪出母也是乎曰禮適子

不爲出母服曰何也曰繼體也

問陳莊子死赴於魯縣子謂繆公哭之而曰有愛而哭之有畏而哭之夫哭之也以畏何也曰以言世有然也非古之禮也若古之大夫則束脩之問不出竟故生無相問其死也何赴告之有哉後世國亂而君民皆爲臣者交政於中國故生則同盟死則赴告非禮也故春秋因其卒而書之所以著其罪也

仲素問横渠云氣質之性如何曰人所資禀固有不同者若論其本則無不善蓋一陰一陽

之謂道陰陽無不善而人則受之以生故也然而善者其常也亦有時而惡矣猶人之生也氣得其和則爲安樂人及其有疾也以氣不和而然也然氣不和非其常治之而使其和則反常矣其常者性也此孟子所以言性善也横渠説氣質之性亦云人之性有剛柔緩急强弱昏明而已非謂天地之性然也今夫水清者其常然也至於湛濁則沙泥混之矣沙泥既去其清者自若也是故君子於氣質之性必有以變之其澄濁而水清之義歟

因見王逢原文集曰此高論怨誹之人也他日嘗曰此子才則高矣見道則未

中庸深處多見於孟子之書其所傳也歟

徐師川歸洪州欲不復來先生問之曰公免得仕宦否若端的有以自贍不必復來固好第亦須着仕宦如何師川曰亦以免仕宦未得曰如此則當復來供職仕宦處處一般既未免得須復爲他官逃此之彼彼亦宜有不安處是無地可以自容也師川曰來此復爲人所羅織陷於禍奈何曰顧吾所自爲者如何

耳苟自爲者皆合道理而無愧然而不能免者命也不以道理爲可憑依而徒懼其不免則無義無命矣師川曰極是亦待來此若做不得去之末爲晩又言人只爲不知命故纔有此事便自勞攘若知得徹便於事無不安孔子曰天生德於予桓魋其如予何固嘗解云使孔子不免於桓魋之難是亦天也桓魋其如何哉蓋聖人之於命如此夫富貴死生人無與焉何尤人之有孟子分明爲臧倉所毀不遇於魯侯而以爲不遇非臧倉之力蓋

知命也列子曰桓公非能用讎也不得不用管仲非能舉賢不得不舉此說得之矣曰列子此說似知命然至其論夷惠以爲狹清貞之尤以放於餓死寡宗以公孫朝穆之事爲得計以堯舜桀紂之事爲不足較茲豈非其過乎曰其過也若聖人所謂知命義常在其中矣然則彼亦豈得之而不盡者乎曰然

仲素問知微之顯莫只是戒慎乎其所不睹恐懼乎其所不聞否曰然因言有僧入僧堂不言而出或曰莫道不言其聲如雷莊周之尸

居而龍見淵默而雷聲可謂善言者也
孟子直是知命滕文公以齊人築薛爲恐問救之之術而對以君如彼何哉強爲善而已矣以竭力事大國則不得免問安之之道而對以太王居邠不以其所養人者害人而繼之以效死不去之策自世俗觀之可謂無謀矣然以理言之只得如此說捨此則必爲儀秦之爲矣凡事求可功求成取必於智謀之末而不循天理之正者非聖賢之道也天理即所謂命

語羅仲素云今之學者只爲不知爲學之方又不知學成要何用此事體大須是曾着力來方知不易夫學者學聖賢之所爲也欲爲聖賢之所爲須是聞聖賢所得之道若只要博通古今爲文章作忠信愿慤不爲非義之士而已則古來如此等人不少然以爲聞道則不可且如東漢之衰處士逸人與夫名節之士有聞當世者多矣觀其作處責之以古聖賢之道則畧無毫髮髣髴相似何也以彼於道初無所聞故也今時學者平居則曰吾當

爲古人之所爲纔有事到手便措置不得蓋其所學以博通古今爲文章或志於忠信愿愨不爲非義而已而不知須是聞道故應如此由是觀之學而不聞道猶不學也

仲素問詩如何看曰詩極難卒說大抵須要人體會不在推尋文義在心爲志發言爲詩情動於中而形於言言者情之所發也今觀是詩之言則必先觀是詩之情如何不知其情則雖精窮文義謂之不知詩可也子夏問巧笑倩兮美目盼兮何謂也子曰繪事後素曰

禮後乎孔子以謂可與言詩如此全要體會何謂體會且如關雎之詩詩人以興后妃之德蓋如此也須當想象雎鳩爲何物知雎鳩爲摯而有別之禽則又想象關關爲何聲知關關之聲爲和而通則又想象在河之洲是何所在知河之洲爲幽閑遠人之地則知如是之禽其鳴聲如是而又居幽閒遠人之地則后妃之德可以意曉矣是之謂體會惟體會得故看詩有味至於有味則詩之用在我矣

語仲素西銘只是發明一箇事天底道理所謂
事天者循天理而已
因論蘇明允權書衡論曰觀其著書之名已非
豈有山林逸民立言垂世乃汲汲於用兵如
此所見安得不爲荆公所薄曰大蘇以當時
不去二虜之患則天下不可爲又其審敵篇
引鼂錯說景帝削地之策曰今日夷狄之勢
是亦七國之勢其意葢欲掃蕩二虜然後致
太平耳曰纔以用兵爲事只見擾擾何時是
天下息肩時節以　仁宗之世視二虜豈不

勝如戰國時然而孟子在戰國時所論全不以兵爲先豈以崇虛名而受實弊乎亦必有道矣

問秦少游進卷論所以禦戎乃欲以五路之兵歲出一路以擾夏人之耕如此是吾五歲一出兵而使夏人歲歲用兵此滅狄之道也當時元祐間有主此議者此果可用否曰王者之兵有征無戰必不得已誅其君而弔其民可也豈容如此兼是亦無此理令常以五路之師合攻夏人尚時有不支歲出一路其傾

國而來攻城破邑吾其可止以一路之衆當之乎大抵令之士人議論只是口頭說得施之於事未必有效

言朱公掞上殿　神考問欲再舉安南之師公掞對願陛下禽獸畜之蓋夷狄得其地不可居得其民不可使得已且巳須要廣土闢地何益自紹聖崇寧以來所以待夏人大是失策有德此有人有人此有土有土此有財有財此有用今不務德以致人徒得其空地又運中國之財以守之是何所見

君臣之閒要當一德一心方作得事古之聖賢相與以濟大業蓋無不然者觀舜命禹征有苗已誓師往伐而益以一言贊禹禹遂班師舜以禹之班師便爲之誕敷文德而有苗格矣舜命禹徂征禹既行而益有言宜告之舜不告舜而告之禹禹承命於舜及其不遂行也宜先禀之舜乃擅反兵而不疑舜於二人者無責焉可也乃徇其所爲從而相之益之意豈不曰禹循舜而禹之意豈不曰舜循己也歟夫是之謂一德一心自今觀之則益之

言可以謂之沮壞成事而禹之事爲逗留君命矣然古之君臣各相體悉如此古人立功所以易而後世成事所以難也

語仲素曰某嘗有數句教學者讀書之法云以身體之以心驗之從容默會於幽閑靜一之中超然自得於書言象意之表此蓋某所爲者如此

又云西銘會古人用心要處爲文正如杜順作法界觀樣

仲素問盡其心者知其性如何是盡心底道理

曰未言盡心須先理會心是何物又問曰心之爲物明白洞達廣大靜一若體會得了然分明然後可以言盡未理會得心盡箇甚能盡其心自然知性不用問人大抵須先理會仁之爲道知仁則知心知心則知性是三者初無異也橫渠作西銘亦只是要學者求仁而已

論及陽城事謂求叔不能純夫取之其言曰陽城蓋有待而爲者也後世猶責之無已其不成人之美亦甚哉此論似近厚曰陽城固可

取然以爲法則不可裴延齡之欲相其來非一朝一夕何不救之於漸乎至於陸贄之貶然後論延齡之姦佞無益矣觀古人退小人之道不然易之姤卦曰女壯勿用取女夫姤一陰生未壯也而曰壯者生而不已固有壯之理也取女則引而與之齊也引而與之齊則難制矣陰者小人之象也小人固當制之於漸也故當陰之生則知其有壯之理其有壯之理則勿用取女可也是以姤之初爻曰繫于金柅貞吉有攸往見凶金柅止車之行

也陰之初動必有以柅之其制之於漸乎蓋
小人之惡制之於未成則易制之於已成則
難延齡之用事權傾宰相雖不正名其爲相
其惡自若也何更云待其爲相然後取白麻
壞之耶然城之所爲當時所難能也取之亦
是但不可以爲法耳

龜山先生語録卷第三

龜山先生語録卷第四

餘杭所聞

神宗賜金荆公荆公即時賜蔣山僧寺爲常住了翁云嘗見人説以此爲曠古所難其實能有多少物人所以難之蓋自其眼孔淺耳曰荆公作此事絶無義理古者人君賜之果尚懷其核懷核所以敬君賜也所賜金義當受則受當辭則辭其可名而受之而施之僧寺乎是賤君賜也金可賤君賜不可賤書曰人不易物雖德其物若於義當受而家已足不

顧藏之家而班諸昆弟之貧者則合禮矣
眞宗問李文靖曰人皆有密啓而卿獨無何也
對曰臣待罪宰相公事則公言之何用密啓
夫人臣有密啓者非讒即佞臣常惡之豈可
效尤曰祖宗時宰相如此天下安得不治
因說唐明皇欲取石堡城王忠嗣不可李光弼
勸之忠嗣曰石堡城非殺數萬人不可取忠
嗣令不奉詔縱得罪天子不過以一將軍歸
宿衛其次不過黔中上佐忠嗣豈以一官易
數萬人之命哉忠嗣如此極知輕重曰忠嗣

意其善然不能無過夫人臣之事君苟利於
國死生以之不應以官職之不足顧計爲言
也謂官職之不足道此猶以利言若是古之
賢聖處事只論是非而已如以利言則禍患
有大於一將軍宿衛黔中上佐是將從之乎
惜乎忠嗣之處此未盡也然則其言合如何
曰當云今得罪主上不過一身之利害危辱
耳豈可以一身之重而輕數萬人之命哉如
此則其言無病
因言　真宗朝有百姓爭財以狀投匭其語有

比上德爲桀紂者比奏御　眞宗令宮中錄所訴之事付有司根治而厘其狀曰百姓意在爭財其實無他若并其狀付有司非惟所訴之事不得其直必須先按其指斥乘輿之罪百姓無知亦可憐也曰祖宗慈仁如此書曰小人怨汝詈汝則皇自敬德祖宗分明有此氣象天下安得而不治言　眞宗時監司有以羨餘進奉者議賞內批云國家賦有常數安得羨餘果有之若非入時大量即是出時減刻安可賞因曰祖宗不爲文章然似此語

言萬世可傳誦也
謂揚子雲作太元只據他立名便不是既定却三方九州二十七部八十一家不知如何相錯得八卦所以可變而爲六十四者只爲可相錯故可變耳惟相錯則其變出於自然也
問正叔先生云或說易曰乾天道坤地道正是亂說曰乾坤非天地之道邪曰乾豈止言天坤豈止言地又言問乾坤不止言天地而乾卦多言天坤卦多言地何也曰本乎天者親上本乎地者親下則各從其類也乾卦言天

坤卦言地只爲語其類耳如說卦於乾雖言爲天又言爲金爲玉以至爲駁馬良馬爲木果之類豈盡言天故繫辭曰伏羲始作八卦以通神明之德以類萬物之情若此者所謂類萬物之情也只如說卦所類亦不止此爲之每發其端使後之學易者觸類而求之耳蓋作易者仰則觀象於天俯則觀法於地觀鳥獸之文與地之宜近取諸身遠取諸物故孔子繫辭推明之曰此卦於天文地理則爲某物於鳥獸草木則爲某物於身於物則爲

其物各以例舉不盡言也學者觸類而求之
則思過半矣不然說卦所敘何所用之
論横渠曰正叔先生亦自不許他曰先生嘗言
自孟子之後無他見識何也曰如彼見識秦
漢以來何人到得論與叔曰正叔先生嘗言
與叔只是守横渠說更不肯易才東邊扶得
起又倒從西邊去此二人爲常有疑焉故問
謂孔子曰自古皆有死民無信不立今天下上
自朝廷大臣下至州縣官吏莫不以欺誕爲
事而未有以救之只此風俗怎抵當他

謂學校以分數多少校士人文章使之胸中日夕只在利害上如此作人要何用

謂正叔云古之學者四十而仕未仕以前二十餘年得盡力於學問無他營也故人之成材可用今之士十四五以上便學綴文覓官豈嘗有意爲己之學夫以不學之人一旦授之官而使之事君長民治事宜其效不如古也故今之在仕路者人物多凡下不足道以此

謂毛富陽云士人如張孝伯眞可謂恬於進取者因說張孝伯好曰愿人也然終無使他處

若據此人天資直是美惜其少學耳問孝伯樂正子之流否曰非也彼已無進爲撫世之意若樂正子將爲政於魯孟子聞之爲之喜而不寐孟子不徒喜也蓋望其能有爲也如孝伯恐不足以當人望只是一箇愿愨可尚耳問愿與善人如此其異乎曰善人爲邦百年亦可以勝殘去殺豈愿者之事因又問九德曰愿而恭蓋愿必濟以恭然後能成德也然愿者自應恭謹何謂相濟曰愿者自爲之人耳如孟子所謂責難於君愿做不得責難

於君愿特貌恭而已

謂與季常言王氏只是以政刑治天下道之以德齊之以禮之事全無他日季常曰細思之實如公言但道以德齊以禮之事於今如何做曰須有會做只爲而今不用着此等人若是他依本分會底必有道理

君子陽陽之詩序以謂閔周蓋言君子至於相招爲祿仕全身遠害於周不足剌也可閔而巳夫賢人才士苟以得祿養父毋活妻孥爲事而無致君行道之心誰與爲治此所以亂

益亂也尚足刺乎

二南爲王道之基本只爲正家而天下定故也

問共姜之父母不知夫婦之義不當責邪曰以共姜之自誓不嫁爲守義則彼欲奪而嫁之者爲不義可知取此則去彼矣

作文字要只說目前話令自然分明不驚怛人不能得然後知孟子所謂言近非聖賢不能也

問父子之間不責善固是至於不教子不亦過乎曰不教不親教也雖不責善豈不欲其爲

善然必親教之其勢必至於責善故孔子所
以遠其子也曰使之學詩學禮非教乎曰此
亦非强教之也如學詩學禮必欲其學有所
至則非孔子所以待其子故告之學則不可
不告及其不學亦無如之何
因論特旨曰此非先王之道先王只是好生故
書曰好生之德洽于民心爲天子豈應以殺
人爲己任孟子曰國人皆曰可殺然後殺之
曰國人殺之也謂國人殺之則殺之者非一
人之私意不得已也古者司寇以獄之成告

于王王命三公參聽之三公以獄之成告于王王三宥然後致刑夫宥之者天子之德而刑之者有司之公天子以好生爲德有司以執法爲公則刑不濫矣若罪不當刑而天子必刑之寧免於濫乎然此事其漸有因非獨人主之過使法官得其人則此弊可去矣舜爲天子若瞽叟殺人皐陶得而執之舜猶不能禁也且法者天下之公豈宜徇一人之意嘗惟張釋之論渭橋犯蹕事宜罰金文帝怒釋之對曰法者天子所與天下公共也今法

如是更重之是法不信於民也此說甚好然而曰方其時上使人誅之則已以謂爲後世人主開殺人之端者必此言也夫法既曰天子與天下公共則得罪者天子必付之有司安得擅殺使當時可使人誅之令雖下廷尉越法而誅之亦可也

因論爲政曰書云毋忿疾于頑若忿疾于頑便失之嚴嚴便非居上之道

問有人問正叔周公欲以身代武王之死其知命乎正叔曰只是要代兄死豈更問命此語

如何曰是也曰聖人不應不知天理天理既不然而必行之其誠不幾於無物否曰聖人固知天理然只爲情切猶於此僥倖萬一也故至誠爲之又曰金縢之事有之然其間亦有言語可疑者如云元孫不若旦多才多藝聖人似不應如此說

因言正叔云人言沛公用張良沛公豈能用張良張良用沛公耳良之從沛公以爲韓報秦也既滅秦於是置沛公關中辭歸韓而已見沛公有可以取天下之勢故又從之已取天

下便欲棄人閒事從赤松遊良不爲高祖之臣可見矣此論甚好以前無人及此曰此論亦未盡張良蓋終始爲韓者方沛公爲漢王之國遣良歸韓良因說沛公燒絶棧道此豈復有事漢之意及良歸至韓聞項羽以良從漢王故不遣韓王成之國與俱東至彭城殺之先是良說項梁以韓諸公子横陽君成可立梁遂使良求韓成立爲韓王良爲韓司徒良以成見殺之故於是又閒行歸漢其意蓋欲爲韓報項羽也至漢高祖用其謀已破項

羽平定天下從高祖西都關中於是如有導引辟穀從赤松子之語蓋爲韓報仇之心於是方已故也據良先説高祖絶棧道然後歸韓此亦似有意使韓王成若在良輔之并天下未可知良意以謂可與之平天下者獨高祖高祖既阻蜀不出其他不足慮矣不幸韓王成爲項羽所殺故無以自資而卒歸漢也如高祖亦自用張良不盡良之術亦不止於此須更有事在其臣高祖非其心也不得已耳

因言曾與李常論鑄鼎云鼎之爲說左傳曾道
來後之人得以藉口者以此爾然使如丘明
之說不誣亦不過象物之形百物而爲之備
使民知神姦而已後之人主用方士厭勝祈
禳之法此何所據丘明云成王定鼎于郟鄏
卜世卜年天所命也然而洛誥周公所作當
時所爲無不載者若鼎之爲物乃社稷重器
當載而莫之載者何也鼎鑄于夏時夏之法
制莫詳於禹貢之書豈有九牧貢金成此重
器欲以協上下承天休而禹貢曾無一語及

之乎易六十四卦其在鼎也取象爲備如丘明之説畧無毫髮相類而況於後之紛紛者乎故凡事無徵者皆不可爲也後世如曹參可謂能克己者攻堅陷敵是其所長至其治國爲天下乃以清静無爲爲事氣質都變了

因論寒士乍得官非不曉事便是妄作大抵科舉取人不得間有得者自是豪傑之士因科舉以進耳問李德裕言公卿大夫家子弟可用進士未必可用此論不偏否曰德裕爲此論至今人以爲偏當時人以德裕用資蔭進

身不由科舉故爲此論此最無謂以德裕之才應唐之科目極容易自是不爲耳且資蔭得官與進士得官孰爲優劣以進士爲勝以資蔭爲慊者此自後世流俗之論至使人耻受其父祖之澤而甘心工無益之習以與孤寒之士角務於場屋僥倖一第以爲榮是何見識夫應舉亦自寒士無祿不得已藉此進身耳如得已何用應舉范堯夫最有見識然亦以資蔭與進士分優劣建言於有無出身人銜位上帶左右字不可謂無所蔽也其言

曰欲使公卿家子弟讀書耳此意甚善但以應舉得官者爲讀書而加獎勸焉可也彼讀書者應舉得官而止耳豈真學道之人至如韓持國自是經國之才用爲執政亦了得不可以無出身便廢其執政之才曰堯夫所別異者莫非此等人否曰執政不是合下便做亦自小官以次遷之如後來吳坦求等在紹聖中被駮了慱士以無出身故也彼自布衣中朝廷以其有學行賜之爵命至其宜爲慱士乃復以爲無出身奪之此何理也資蔭進

士中俱有人惟其人用之加一右字亦自沮
人爲善
朝廷作事若要上下小大同心同德須是道理
明蓋天下只是一理故其所爲必同若用智
謀則人人出其私意私意萬人萬樣安得同
因舉舊記正叔先生之語云公則一私則萬
殊人心不同猶面其蔽於私乎
自孟子沒王道不傳故世無王佐之才既無王
佐之才故其治效終不如古若要行道才說
計較要行便不是何故自家先負一箇不誠

了安得事成劉向多少忠於漢只爲做計較太甚才被看破手足俱露是甚模樣

言季常曾問揚雄來應之曰不知聖人何足道季常駁之淵因語後世學道不明爾被流俗之蔽只如他取揚雄亦未能免流俗也卓乎天下之習不能蔽也程正叔一人而已觀正叔所言未嘗務脫流俗只是一箇是底道理自然不墮流俗中先生曰然觀其論婦人不再適人以謂寧餓死若不是見得道理分明如何敢說這樣話

南都所聞 己丑四月自京都回至七月

薛宗博請諸職事會茶曰禮豈出於人心如此事本非意之所欲但不得已耳老子曰禮者忠信之薄荀子曰禮起於聖人之僞眞箇是因問之曰所以召茶者何謂薛曰前後例如此近日以事多與此等稍踈闊心中打不過須一請之曰只爲前後例合如此心中自打不過豈自外來如云辭遜之心禮之端亦只是心有所不安故當辭遜只此是禮非僞爲也

問易曰乾坤其易之門耶所謂門莫是學易自
此入否曰不然今人多如此說故有喻易爲
屋室謂其入必有其門則乾坤是也爲此言
者只爲元不曉易夫易與乾坤豈有二物孰
爲内外謂之乾坤者因其健順而命之名耳
乾坤即易易即乾坤故孔子曰乾坤毀則無
以見易蓋無乾坤則不見易非易則無乾坤
謂乾坤爲易之門者陰陽之氣有動靜屈伸
爾一動一靜或屈或伸闔闢之象也故孔子
又曰闔户謂之坤闢户謂之乾所謂門者如

此老子曰天地之間其猶橐籥乎夫氣之闔闢往來豈有窮哉有闔有闢變由是生其變無常非易而何小蔡云輕清者上爲天神應之爲乾重濁者下爲地神應之爲坤似此解釋夢也未夢見易大抵看易須先識他根本然後尚得夫易求之吾身斯可見矣豈應外求張橫渠於正蒙中曾畧說破云乾坤之闔闢出入息之象也非見得徹言不能及此某舊曾作明道哀辭云通闔闢於一息耶尸者其誰蓋言易之在我也人人有易不知自求

只於文字上用功要作何用此等語若非以
見聞終說不到如其與定夫相會亦未嘗及
從可其常疑定夫學易亦恐出他荊公未得
荊公於易只是理會文義未必心通若非心
通縱說得分明徹了不濟事易不比他經須
心通始得如龔深父說易元無所見可憐一
生用功都無是處問乾坤即陰陽之氣否曰
分明說乾陽物坤陰物既是陰陽又曰乾坤
何也曰乾坤正言其健順爾識破本根須是
知體同名異自然意義曉然又云天尊地卑

乾坤定矣乾坤本無體天地之位定則乾坤斯定不有天地乾坤何辨閒天地即輕清重濁之氣升降否曰然天地乾坤亦是異名同體其本一物變生則名立在天成象在地成形亦此物也但因變化出來故千態萬變各自陳露故曰在天成象在地成形變化見矣變化神之所爲也其所以變化孰從而見之因其成象於天成形於地然後變化可得而見焉因云舊常解此義云無象無形則神之所爲隱矣有象有形變化於是乎著因問乾

坤毀則無以見易如此則易不屬無矣曰易固非無張横渠深闢老子有無之論莫有見於此否曰然才說無便成斷滅去如釋氏說空又曰非空到了費力聖人只說易最為的當因言孟子論養氣到此方見有功於前聖曰如孟子者方是能曉易如說必有事焉非見得分明此說如何撰得又問正叔先生以必有事焉而勿正為一句某嘗疑勿正心似非聖賢語意及見此乃知正叔先生讀書有力曰事說勿正則可心說勿正則不可正叔

讀書直是不草草他議論方是議論伯思言正叔以至大至剛以直爲一句養而無害爲一句或云伯淳曾言至大至剛之氣須以直養正叔堅云先兄無此說若曰以直養而無害莫不妨曰嫌於將一物養一物不如養而無害較渾全他門說話須是與他思量體究方見好處

問易有太極莫便是道之所謂中否曰然若是則本無定位當處即是太極耶曰然兩儀四象八卦如何自此生曰既有太極便有上下

有上下便有左右前後有左右前後四方便
有四維皆自然之理也
人君所以御其臣只有一箇名分不可易名分
既正上下自定雖有幼冲之主在上而天下
不亂若以智籠臣下智有時而困則彼不爲
用矣其勢須至於誅殛之然後已觀西漢之
君臣多尚權謀當時大臣少有能全身者蓋
以此某舊作十論曾有一篇及此朝廷上做
事須先令學術粗明然後可以爲不然人人
說一般話如何做得事

王章論王鳳當時人君非不悟但以力弱被王鳳才理會起便推從王章身上去章終被禍人君如此誰敢與他放脚手做事

正叔在經筵潞公入劄子要宰相以下聽講講罷諸公皆退晦叔云可謂稱職堯夫云眞侍講又一人云不知古人告其君還能如此否只爲諸公欽服他他又多忤人所以後來謗生因說正叔經筵開陳故及此所論列有處記

圓覺經言作止任滅是四病作即所謂助長止

即所謂不芸苗任滅即是無事
解經大抵須得理會而語簡舊嘗辭易簡而天
下之理得云行其所無事不亦易乎一以貫
之不亦簡乎如是則天下之理得矣又言行
其所無事一以貫之只是一箇自然之理繫
辭中語言直有難理會處令人注解只是亂
說
閭正叔云詩非聖人所作當時所取只以其止
於禮義至如此其君狡童碩鼠則已甚其說
如何曰此理舊疑來因學春秋遂知其意春

秋書突之奔及其歸皆曰鄭伯突其書忽止曰鄭忽蓋不以忽爲君故也不以爲君故詩人目之爲狡童觀褰裳之詩云狂童恣行國人思大國之正已其詩曰子惠思我褰裳涉溱言人心已離若大國見正國人必從之矣人之視忽如此尚誰以爲君君猶以爲君則比之狡童誠不可矣碩鼠如何曰魏之重斂至使人欲適彼樂國則人心之離亦可見矣又云人心合而從之則爲君離而去之則爲獨夫

學者若不以敬爲事便無用心處致一之謂一
無適之謂一
人言春秋難知其實昭如日星孔子於五經中
言其理於春秋著其行事學者若得五經之
理春秋誠不難知又云伯淳先生嘗有語云
看春秋若經不通則當求之傳傳不通則當
求之經某曾問之云傳不通則當求之經何
也曰只如左氏春秋書君氏卒君氏乃惠公
繼室聲子也而公羊春秋則書曰尹氏傳云
大夫也然聲子而書曰君氏是何義須當以

尹氏爲正此所謂求之經

問乾坤用九六荆公曰進君子退小人固非自然之理而正叔云觀河圖數可見何也曰此多有議論少有分明繫辭分明說云叄天兩地而倚數九叄天六兩地也

因言了翁說易多以一字貫衆義如何曰易卦用字有如此者有不如此者如云習坎重險也又言天險地險王公設險則險爲善睽乖也又言天地睽而萬物通男女睽而其志同則乖爲善蓋一字兩用字非此類則不可如

師是師旅之師豈可認爲師友之師以來書云爾故及之

形色天性也有物必有則也物即是形色即是天性唯聖人然後可以踐形踐履也體性故也蓋形色必有所以爲形色者是聖人之所履也謂形色爲天性亦猶所謂色即是空

毗陵所聞　辛卯七月十一日自沙縣來至十月去

劉元承言相之無所不用其敬嘗掛眞武畫像於帳中其不欺暗室可知曰相之不自欺則固可取然以神像置帳中亦可謂不智曰何

以言之曰果有眞武則敬而遠之乃所謂智
帳中卧之處至褻之所也何可置神像
君子喻於義小人喻於利所謂喻於義則唯義
而已自義之外非君子之所當務也夫然後
所守者約如孟施舍知守氣可謂約矣所以
不及曾子者以曾子唯義之從故也
或曰文王所謂至德以不累於高名厚利故也
所謂不累於厚利者三分天下有其二以服
事商所謂不累於高名者有其二而弗辭曰
如是則武王之取天下以爲累於利而可乎

孟子之言曰取之而燕民悅則取之古之人有行之者武王是也取之而燕民不悅則勿取古之人有行之者文王是也此論盡矣蓋文王所謂至德者三分天下有其二矣以取天下何難之有而文王勿取者視天而已初無用心於其間也夫是之謂至德

舜在側微堯舉而試之慎徽五典則五典克從納于百揆則百揆時叙賓于四門則四門穆穆以至以天下授之而不疑觀其所施設舜之所以爲舜其才其德可謂大矣宜非深山

之中所能乂處而爲舜者當堯末之知方且
飯糗茹草若將終身若使今人有才氣者雖
不得時其能自已其功名之心乎以此見人
必能不爲然後能有爲也非有爲之難其不
爲尤難矣只如伊尹耕於莘非湯三聘則必
不起諸葛亮卧草廬非先主三顧亦必不起
非要之也義當然也以諸葛之智尚知如此
又况不爲諸葛者乎然則居畎畝之中而以
天下爲己憂可也或不知消息盈虚之運犯
分妄作豈正理哉

舜可謂無爲者天下初無所與其任九官去四
凶視其功罪如何舜無毫髮之私也
劉向之所謂忠可以爲戒不幸似之非所以全
德大抵人能住得然後可以有爲才智之士
非有學力却住不得
孟子言大人正己而物正荆公却云正己而不
期於正物則無義正己而必期於正物則無
命若如所論孟子自當言正己以正物不應
言正己而物正矣物正物自正也大人只知
正己而已若物之正何可必乎惟能正己物

自然正此乃篤恭而天下平之意荆公之學本不知此

張茂則宦官之賢者也元祐間曾請諸公啜茶觀畫惟正叔不往辭之曰某素不識畫亦不喜茶如正叔直是箇不去得他人到此須容情與他去

或問正叔先生云邵堯夫易數至今無傳當時何不問他看如何先生曰若是公等須打不過必問他

字說所謂大同於物者離人焉曰揚子言和同

天人之際使之無間不知是同是不同若以爲同未嘗離人又所謂性覺眞空者離人焉若離人而之天正所謂頑空通攝老言經中說十識第八菴摩羅識唐言白淨無垢第九阿賴耶識唐言善惡種子白淨無垢即孟子之言性善是也言性善可謂探其本言善惡混乃是於善惡已萌處看荊公蓋不知此

蕭山所聞壬辰五月又自沙縣來至八月去

橫渠言性未成則善惡混亹亹而繼善者斯爲善矣惡盡去則善因以亡故舍曰善而曰成

之者性伯思疑此以問公曰不知横渠因何如此說據此說於易之文亦自不通却令伯思說伯思言善與性皆當就人言繼之爲說如子繼父成乃無所虧之名矣若非人即不能繼而成之曰不獨指人言萬物得陰陽而生皆可言繼之善亦有多般如乾之四德有仁義禮智之不同後人以配四時若如四時則春固不可爲秋冬固不可爲夏其實皆善也元者特善之長也固出於道故曰繼之者善性則具足圓成本無虧欠要成此道除是

性也今或以萬物之性爲不足以成之蓋不
知萬物所以賦得偏者自其氣禀之異非性
之偏也孔子曰天地之性人爲貴人之性特
貴於萬物耳何常與物是兩般性

伊川語録云以忠恕爲一貫除是曾子説方可
信若他人説則不可信如何曰明道説却不
如此問明道説曰只某所著新義以忠恕爲
曾子所以告門人便是明道説問中庸發明
忠恕之理以有一貫之意如何曰何以言之
曰物我兼體曰只爲不是物我兼體若物我

兼體則固一矣此正孟子所謂善推其所以爲者乃是參彼已爲言若知孔子以能近取譬爲仁之方不謂之仁則知此意曰即已即物可謂一否曰然

孟子言孔子集大成曰始條理者智之事終條理者聖之事夫仁且智斯之謂聖今以聖之事或不足於智何也曰聖則具仁智矣但此發明中處乃智之事聖則其所至也未必皆中曰孟子曰智之於賢者則智但可語賢者若乃大而化之則雖智而忘其智矣如所謂

從容中道縱心不踰矩智何足以名之曰如伊尹伯夷柳下惠只於清任和處中其他則未必皆中則其智容有所不周

智便是用處曰用智莫非所以言聖人若曰行其所無事則由智行非行智者也曰觀此却是以智爲妙曰聖人之於智見無全牛萬理洞開即便是從容處豈不謂之妙若伯夷伊尹柳下惠於清任和處已至聖人但其佗處未必皆中其至與孔子同而其中與孔子異只爲不能無偏故也若隘與不恭其所偏歟

充類至義之盡言不可以謂之盜也獵較猶可
則取於民猶禦者受其所賜何爲不可
柳下惠不以三公易其介此與聖人之和互相
發耶乃所以爲和耶曰若觀其和疑若不介
故此特言之曰何以知其介曰只不卑小官
之意便自可見如柳下惠之才以爲大官何
所不可而樂於爲小官則其剛介可知矣
中心安仁者天下一人而已如伯淳莫將做天
下一人看曰固是
東坡言直方大云既直且方非大而何曰直方

蓋所以爲大然其辭却似不達孔子云敬義立而德不孤德不孤乃所謂大德不孤則四海之内皆兄弟之意夫能使四海之内皆兄弟此所以爲大也

東坡云萬物覩乃是萬物欲見之言欲見之便非聖人作而萬物覩如日在天萬物便見聖人惟恐不作作則即時覩矣作與覩同時事也啐啄同時

乾之九三獨言君子蓋九三人之位也履正居中在此一爻故文言於九四則曰上不在天

下不在田中不在人於九三止言上不在天下不在田而已其曰君子行此四德者蓋乾之所謂君子也曰所以爲君子者乃行此德之人耳

上治如所謂正己也

讀書須看古人立意所發明者何事不可只於言上理會如萬章問象日以殺舜爲事孟子荅舜所以處之之道其意在說聖人誠信無僞此尤不可不知若從枝葉上理會只如象欲使二嫂治朕棲之語此豈可信堯在上不

容有此等人若或有之不知則已然堯於舜既以女妻之其弟如此豈有不知知則治之矣

若使死可以救世則雖死不足恤然豈有殺賢人君子之人君子能使天下治以死救天下乃君子分上事不足恠然亦須死得是孟子曰可以死可以無死死傷勇如必要以死任事爲能外死生是乃以死生爲大事者也未必能外生死

鄭季常問孔子去魯曰遲遲吾行也去父母國

之道也然而燔肉不至不脫冕而行豈得爲遲遲曰孔子欲去之意蓋久待燔肉不至而行不欲爲苟去乃所謂遲遲若他國則君不用便當去豈待燔肉之不至然後行曰何以見其去他國之速曰衛靈公問陳一語不契明日遂行

孟子所言皆精粗兼備其言甚近而妙義在焉如龐居士云神通并妙用運水與般柴此自得者之言最爲達理若孟子之言則無適不然如許大堯舜之道只於行止疾徐之間教

人做了

龜山先生語録卷第四終

龜山楊先生語録後録上

楊時於新學極精今日一有所問能盡知其短而持之介甫之學大抵支離伯淳嘗與楊時讀了數篇其後盡能推類以通之見程氏遺書

伊川荅楊中立論西銘中立書尾云判然無疑伊川曰楊時也未判然見祁寬所記尹公語

舊在二先生之門者伯淳最愛中立正叔最愛定夫二人氣象亦相似見上蔡語録

龜山楊先生語録後録上

龜山楊先生語録後録下

宋興百有餘年四方無虞風俗敦厚民不識干戈有儒生於江南高談詩書自擬伊傅而實竊佛老之似濟非鞅之術舉世風動雖巨德故老有莫能燭其姦其說一行而天下始紛紛多事反理之評詭道之論日以益熾邪慝相承卒兆裔夷之禍考其所致有自來矣靖康初龜山楊公任諫議大夫國子祭酒始推本論奏其學術之謬請追奪王爵罷去配饗雖當時餘黨猶夥公之説未得盡施然大統

中興論議一正到于今學者知荊舒禍本而有不屑焉則公之息邪說距詖行放淫辭以承孟氏者其功顧不大哉是宜列之學宮使韋布之士知所尊仰而況公舊所臨流風善政之及祀事其可闕乎瀏陽實潭之屬邑紹聖初公嘗辱爲之宰歲饑發廩以賑民而部使者以催科不給罪公公之德於邑民也深矣後六十有六年建安章才邵來爲政慨然念風烈咨故老葺公舊所爲飛鴻閣繪像於其上以示後學以慰邑人之思去而不忘也

又六年貽書俾熹記之熹生晚識陋何足以窺公之蘊惟公師事河南二程先生得中庸鳶飛魚躍之傳於言意之表踐履純固卓然爲一世儒宗故見於行事深切著明如此敢表而出之庶幾慕用之萬一云爾飛鴻閣畫像記

龜山天資高朴實簡易然所見一定更不須窮究其嘗謂這般人皆是天資出人非假學力如龜山極是簡易衣服也只據見定終日坐在門限上人犯之亦不校其簡易率皆如此

喜怒哀樂未發龜山敬而無失之說甚好

問龜山云消息盈虛天且不能暴爲之去小人
亦不可驟如何曰只看時如何不可執天亦
有迅雷風烈之時
又言龜山先生年少未見伊川時先去看莊列
等文字後來雖見伊川然而此念熟了不覺
時發出來游定夫尤甚羅仲素時復亦有此
意
龜山往來太學過廬山見常總總亦南劒人也
與龜山論性謂本然之善不與惡對後胡文
定得其說於龜山至今諸胡謂本然之善不

與惡對與與惡爲對者又別有一善常總之言初未爲失若論本然之性只一味是善安得惡來人自去壞了便是惡既有惡便與善爲對今他却說有不與惡對底善又有與惡對底善如近年郭子和九圖便是如此見識上面書一圈子寫性善字從此牽下兩邊有善有惡或云恐文定當來未甚有差後來傳襲節次訛舛曰看他說善者贊美之詞不與惡對已自差異

理不外物若以物便爲道則不可如龜山云寒

衣饑食出作入息無非道伊尹耕於有莘之野以樂堯舜之道夫堯舜之道豈有物可玩哉即耕於有莘之野是已恁地說却有病物只是物所以爲物之理乃道也

龜山言天命之謂性人欲非性也天命之善本是無人欲不必如此立說胡子知言云天理人欲同體而異用同行而異情自是他全錯看了

問横浦語録載張子韶戒殺不食蟹高抑崇相對故食之龜山云子韶不殺抑崇故殺不可

抑崇退龜山問子韶周公何如對曰仁人曰周公驅猛獸兼夷狄滅國者五十何嘗不殺亦去不仁以行其仁耳先生云此特見其非不殺耳猶有未盡須知上古聖人制為罔罟佃漁食禽獸之肉但君子遠庖厨不暴殄天物須如此説方切事情

草堂先生及識元城劉器之楊龜山龜山之出時已七十歲却是從蔡攸薦出他那時却是覺得這邊扶持不得事勢也極故要附此邊人所以薦龜山初緣蔡攸與蔡子應説令其

薦舉人才答云太師用人甚廣又要討甚麽人曰緣都是勢利之徒恐緩急不可用公知有山林之人可見告他便說其只知鄉人鼓山下張觷字柔直其人甚好蔡攸曰家間子姪未有人教可屈他來否此人即以告張張即從之及教其子姪儼然正師弟子之分異於前人得一日忽開諭其子弟以奔走之事其子弟駭愕即告之曰若有賊來先及汝等汝等能走乎子弟益驚駭謂先生失心以告老蔡老蔡因悟曰不然他說得是蓋京父子此

時要嗾許多好人出已知事變必至即請張
公叩之張言天下事勢至此已不可救勢只
得且收舉个賢人出以爲緩急倚仗耳即令
張公薦人張公於是薦許多人龜山在一人
之數今龜山墓誌云會有告大臣以天下將
變宜急舉賢以存國於是公出謂此張後爲
某州縣丞到任即知虜人入寇必有自海道
至者於是買木爲造舡之備踰時果然虜自
海入寇科州縣造舟倉卒擾擾油灰木材莫
不踊貴獨張公素備不勞而辦以此見知於

帥憲即辟知南劒會葉鐵入寇民人大恐他即告諭安存之即率城中諸富家令出錢米沽酒買肉爲蒸糊之類遂分民兵三替遂替燕犒酒食授以兵器先一替出城與賊接戰即犒第二替出先替未倦而後替即得助之民大喜遂射殺賊首富民中有識葉鐵者即厚勞之忽令執兵只令執長鎗上懸白旗令見葉鐵即以白旗指向之衆人上了弩即其所指而發遂中之後都統任其欲爭功亦讓與之其餘諸盗却得都統之力放賊之叔父

以成反間

論及龜山先生曰龜山彈蔡京也是只不迅速

林擇之曰龜山晚出一節亦不是先生曰也

不干晚出事若出來做得事也無妨他性慢

看道理也如此平常處看得好緊要處却放

緩了做事都渙散無倫理將樂人性急麤率

龜山却恁寬平此是間出然其麤率處依舊

有土風在

或問龜山晚年出處不可曉其召也以蔡京然

在朝亦無大建明曰以今觀之則可以追咎

當時無大建明若自家處之不知當時所當建明者何事或云不過擇將相爲急曰也只好說不知當時事勢如何擇將相固是急然不知當時有甚人可做當時將只說种師道相只說李伯紀然固皆嘗用之矣又況自家言之彼亦未便見聽據當時勢亦無可爲者不知有大聖賢又如何耳

問龜山晚年出得是否曰出如何不是只看出得如何當初若能有所建明而出則勝於不出曰渠用蔡攸薦亦未是曰亦不妨但當時

事急且要速得一好人出來救之只是出得來不濟事耳觀渠爲諫官將去猶惓惓於一對已而不得對及觀其所言第一正心誠意意欲上推誠待宰執第二理會東南綱運當時宰執皆庸繆之流待亦不可不待亦不可不告以窮理而告以正心誠意賊在城外道途正梗縱有東南綱運安能達所謂雖有粟安得而食諸當危急之時人所屬望而著數乃如此所以使世上一等人笑儒者以爲不足用正坐此耳問圍城時李伯紀如何曰當

時不使他更誰使士氣至此蕭索無餘他人皆不肯向前惟有渠尚不顧死且得倚仗之問姚平仲劫寨事是誰發曰人皆歸罪伯紀此乃是平仲之謀姚种皆西方將家師道已立功平仲恥之故欲以奇功取勝之劫不勝欽廟親批令伯紀策應或云當時若再劫可勝但無人敢主張問种師中河東之死或者亦歸罪伯紀曰不然嘗親見一將官說師中之敗乃是爲流矢所中非戰敗渠親見之甚可怪如种師道方爲樞密朝廷倚重遽死此

亦是氣數伯紀管　御營　欽廟授以空名告身自觀察使以下使之自補師道只用一二小使臣誥　御批云大臣作福作威漸不可長及遣救河東伯紀度勢不可辭不行

御批云身爲大臣遷延避事是時許崧老爲右丞與伯紀善書杜郵二字與之伯紀悟遂行當危急時反爲姦臣所使豈能做事閧种師道果可依仗否曰師道爲人口訥語言不能出上問和親曰臣執干戈以衛社稷不知其他遂去不能反覆力執大抵是時在上者

無定說朝變夕改縱有好人亦做不得事
道夫問龜山晚歲一出爲士詬罵果有之否曰
他當時一出追奪荆公王爵罷配饗夫子且
欲毀劈三經板士子不樂遂相與聚問三經
有何不可輙欲毀之當時龜山亦謹避之問
或者疑龜山此出爲無補於事徒爾紛紛或
以爲大賢出處不可以此議如何曰龜山此
行固是有病但只後人又何曾夢到他地位
在惟胡文定以柳下惠援而止之而止比之
極好

龜山之出人多議之惟胡文定公之言曰當時若能聽用决須救得一半此語最公蓋龜山當此時雖負重名亦無殺活手段若謂其懷蔡氏汲引之恩力庇其子至有謹勿擊居安之語則誣矣幸而此言出於孫覿人自不信

坐客問龜山先生立朝事先生曰胡文定論得好朝廷若委吳元忠輩推行其說决須救得一半不至如後來狼狽然當時國勢已如此虜初退後便須急急理會如救焚拯溺諸公今日論蔡京明日論王黼當時姦黨各已行

遣了只管理會不休擔閣了日子如吳元忠李伯紀向來亦是蔡京引用免不得略遮庇只管喫議論龜山亦被孫覿輩詈擾

龜山銘誌不載高麗事他引歐公作梅聖俞墓誌不載布文詩事辨得甚好孰能識車中之狀意欲施事見韓詩外傳

伯夷微似老子胡文定作龜山先生墓誌主張

龜山似柳下惠看來是如此

龜山與廖尚書說義利事廖云義利却是天理人欲龜山曰只怕賢錯認以利爲義也後來

被召主和議果如龜山說廖初舉鄭厚與某人可見其賢此二人二人皆要上恐脱不字主和議及廖被召却不問此二人却去葉孝先商量及爲中丞又薦鄭轂然廖終與秦不合而出但初不能別義利之分亦是平時講之不熟也鄭博士某舊見之年七十餘云嘗見上蔡先生先人甚敬之

國說胡珵德輝所著文字問德輝何如人曰先友也晋陵人曾從龜山游故所記多龜山說話能詩文墨隸皆精好嘗見先人館中唱和

一卷惟胡詩特佳趙忠簡公當國與張嶧巨山同爲史官及趙公去位張魏公獨相以爲元祐未必全是熙豐未必全非遂擢何掄仲李似表二人爲史官胡張所修史皆摽出欲改之胡張遂求去及忠簡再入相遂去何李依舊用胡張爲史官成書奏上弄得都成私意

龜山雜傳是讀多少文字

龜山楊先生語録後録下

後學天台吳堅
刊于福建漕治

正充戊辰中夏在金谿義塾重裝